KB043232

대한민국 프레임 전쟁

뉴스로 뉴스를 덮는 언론을 말하다

대한민국 프레임 전쟁

뉴스로 뉴스를 덮는 언론을 말하다

ⓒ미디어오늘, 2017

초판 1쇄 펴낸날 2017년 8월 30일
초판 2쇄 펴낸날 2018년 11월 10일

지은이 미디어오늘
펴낸이 이건복
펴낸곳 도서출판 동녘

등록 제311-1980-01호 1980년 3월 25일
주소 (10881) 경기도 파주시 회동길 77-26
전화 영업 031-955-3000 편집 031-955-3005 **전송** 031-955-3009
블로그 www.dongnyok.com **전자우편** editor@dongnyok.com

ISBN 978-89-7297-892-3 03300

- 잘못 만들어진 책은 바꿔 드립니다.
- 책값은 뒤표지에 쓰여 있습니다.
- 본문에 수록된 보도 사진은 저작권을 가진 해당 언론사를 통해 저작권자의 동의를 얻어 수록했습니다. 저작권자 확인이 안 되어 수록 동의를 얻지 못한 사진은 확인이 되는 대로 해당 저작권자의 동의를 얻겠습니다.
- 이 도서의 국립중앙도서관 출판예정도서목록(CIP)은 서지정보유통지원시스템 홈페이지(http://seoji.nl.go.kr)와 국가자료공동목록시스템(http://www.nl.go.kr/kolisnet)에서 이용하실 수 있습니다.
  (CIP제어번호 : CIP2017019609)

프레임 전쟁
대한민국

뉴스로
뉴스를 덮는 언론을
말하다

미디어오늘 지음

동녘

추천의 글
우리가 기억해야 할 프레임 전쟁

한홍구[*]

1992년 대통령 선거를 앞두고 초원복집 사건이 터졌다. 박근혜 정권 시기 권세를 휘두른 왕실장 김기춘이 부산에서 기관장들을 모아놓고 지역감정을 선동하며 노골적인 관권선거를 부추긴 사실이 폭로된 것이다. 이 사건이 터졌을 때 김기춘의 정치생명은 끝났어야 했다. 아니, 정치생명이 아니라 감옥에 갔어야 했다. 그만큼 중대한 사안이었지만, 그는 감옥에 가지 않았다. 당시 김기춘은 "우리가 남이가!"를 외치며 김영삼 후보를 위해 부정선거를 모의했다. 하지만 선거에서 이긴 김영삼 정권은 검찰과 언론을 동원해 초원복집 사건을 전혀 다

---

[*] 서울대학교 국사학과와 동 대학원을 졸업하고, 미국 워싱턴대학교에서 박사학위를 받았다. 현재 성공회대학교 교양학부 교수로 재직하고 있다. 지은 책으로 《사법부》, 《역사와 책임》, 《유신》, 《대한민국사1~4》 등이 있다.

른 사건으로 만들어버렸다. 지역 주요기관장들의 부정선거 모의가 불법도청 사건으로 변질된 것이다. 수구기득권 세력은 대단히 성공적으로 어려운 국면을 바꿔버렸다. 지금 말로 하면 프레임 전환에 탁월했던 셈이다. 더구나 '법비' 김기춘은 자신이 검찰총장과 법무장관으로 있던 시절 무수한 사람을 처벌했던 선거법이 위헌이라고 법원에 위헌 제청을 신청해 결국 위헌 판결을 끌어내 처벌을 모면했다. 만약 이 때 김기춘이 제대로 처벌받았다면, 그가 오뚝이처럼 부활하여 국정 농단의 주역이 되는 일은 없었을 것이다.

우리의 현대사는 고비 고비마다 프레임 조작이 빈번하게 발생했다. 앞에서 살핀 것은 그중 하나의 사례에 지나지 않는다. 이 책은 《미디어오늘》에서 일하는 정철운, 김도연, 강성원, 이하늬, 장슬기, 금준경, 정민경 등 눈 밝은 젊은 기자 7명이 진행한 프로젝트 〈대한민국을 뒤흔든 프레임 전쟁〉을 묶은 것이다. 이 책에는 해방 직후 《동아일보》가 조작한 모스크바 3상회의 왜곡 보도에서부터 최근 국정농단 사태의 와중에 박근혜 진영이 개헌으로 국민들의 분노를 덮으려 했던 헛된 시도까지 모두 15건의 대표적인 프레임 전쟁 사례가 자세히 서술되어 있다.

우리의 일상에서는 늘 크고 작은 프레임 전쟁이 벌어지고 있다. 민주화 이후 주류 수구 언론이 권력의 감시자이기보다 권력 자체로 떠오르면서 이 문제는 한층 더 심각해졌다. 진보 언론이 출현하면서 언론 진영도 복잡해졌고, 진보 언론이 민주화와 소수자의 인권 보호, 시민들의 알 권리 신장 등에 결정적인 기여를 해왔다. 그러나 최근 상당한 시민들이 《한겨레》, 《경향신문》, 《오마이뉴스》 등 이른바 '한경오'에 대해 던진 심각한 문제제기—노무현, 문재인에 대한 단순한 팬덤 현상만은 아니다—에서 보듯이 시민들의 성숙한 의식은 일부 진보 언론 종사자들의 오만을 용납하지 않고 있다.

  과거에는 보도지침 등으로 아예 보도 자체를 틀어막는 것이 1차였다. 막강한 군사독재하에서 대부분 성공했지만, 철저한 보도 통제를 뚫고 '유비통신'(유언비어)이 널리 퍼지면 프레임 전환을 시도하기도 했다. 성고문이 아니라 운동권 여학생이 공권력을 모독하기 위해 성을 혁명의 도구로 삼은 행위라고 프레임을 바꿔버린 부천서 성고문 사건이 대표적인 예다. 형식적인 민주화가 어느 정도 이루어진 현 상황에서(아직 '그나마' 일 뿐이지만) 정보 자체의 유통을 막기는 어렵다. 정보화 사회에서는 쏟아지는 정보에 시민들이 매몰되기 쉬운데 이 때 프레임이 힘을 발한다. 언론 조작의 양상이 보도 통제에서 프레임 전쟁으로 바뀐 것이다. 이런 불순한 프레임 전환 기도에 시민들이 속아 넘어가지 않기 위해선 우선 세상을 바라보는 나만의 눈을 키워야 한다. 또한 실사구시의 정신으로 사태의 본질을 파악해야 한다.

  진보 진영이라도, 지식인이라도 프레임에서 자유롭지 않다. 나 자신도 최근 수구 언론에 의해서도, 진보 언론에 의해서도 프레임의 비열한 덫에 갇힌 적이 있었다. 이때 상당한 지식인들조차 실제 어떤 일이 벌어졌는가에는 관심을 두지 않고 프레임으로 "척보면 안다"는 식으로 행동하고 발언한다는 점에 깜짝 놀랐다. 덕분에 내 글쓰기와 강연도 돌아보게 되었다. 나 자신의 눈으로 구체적인 사실에 입각해서 판단한다는 것은 피곤한 일이긴 하지만, 우리가 프레임의 덫에 빠지지 않기 위해서는 반드시 필요한 일이다.

《대한민국 프레임 전쟁—뉴스로 뉴스를 덮는 언론을 말하다》는 매우 적절한 시점에 출간되었다. 기득권의 꼭짓점이었던 박근혜와 김기춘을 감옥에 보냈지만, 공안세력을 첨병으로 한 기득권 세력은 여전히 한국 사회에 온존하고 있다. 시대정신이 된 적폐 청산에서 적폐란 단순히 이명박, 박근혜 정권 9년 동안 쌓인 문제가 아니다. 멀게는 일제 강점기부터 켜켜이 누적되어 김대중, 노무현 정권도 해결하지 못한 문제를 의미한다. 이번에는 청산할 수 있을까? 촛불 시민도, 문재인 대통령도 모두 실패의 경험을 갖고 있다. 우리는 우리가 실패했던 지점 부근에 어떤 프레임 전투가 있었는지를 기억해야 한다. 그런 점에서 이 책은 값지다. 《미디어오늘》 기자들의 노고가 담긴 이 책이 그 길잡이 역할을 해줄 것이라 믿는다.

책을 펴내며

뉴스의 시대. 우리는 그 어느 때보다 의제(어젠다agenda)가 중요한 시대에 살고 있다. 의제는 프레임(개념틀)에 의해 결정된다. 언론의 이데올로기적 여과를 거친 의제는 특정 프레임으로 포장돼 복잡한 이슈를 찬반 양자택일 구조로 형성하거나, 여론이 기술적이거나 감정적인 문제에만 몰두하게 만들었다. 그렇게 우리는 사회 문제의 본질을 놓치곤 했다.

미디어의 시대. 미디어는 인간의 자유를 파괴할 힘조차 미화시켜 역사적 국면마다 흉기로 둔갑하곤 했다. 나치의 파울 요제프 괴벨스가 그랬고 미국의 조지프 매카시가 그러했다. 한국에도 그들의 '변종'이 지면과 화면을 통해 떠돌며 국민의 눈과 귀를 막았다. 물론 그 반대의 경우도 있었다. 진실을 위해 목숨 걸고 보도했던 기자들이 있었고, 소수에게 가해지는 폭력을 두려워하지 않으며 부당한 프레임에 맞섰던 수많은 사람들이 있었다.

《미디어오늘》은 1987년 민주화 이후 민주주의 체제 30주년을 맞아 대한민국사史에서 언론·국가·자본권력이 첨예하게 갈등하거나 야합했던 주요한 사회적 모멘텀(다른 방향이나 상태로 바뀌거나 바꾸는 장면)을 제공했던 15개의 사건을 '언론의 프레임 전쟁'이라는 틀로 담았다. 《미디어오늘》 기자 7명이 함께 15개의 사건을 선정하고 4개월간 공동 작업했다. 이 책은 그 결과물이다.

어느덧 창간 22년째인 미디어 전문지 《미디어오늘》은 정치·자본권력과 야합한 언론의 일방적인 프레임에 맞서 언론을 비평하고 감시하며 언론권력을 지금보다 정의로운 길로 이끌기 위해 전국언론노동조합연맹(언론노련) 소속 기자·PD들이 1995년 만든 세계적으로 유례를 찾기 힘든 특별한 언론사다. 당시 언론노련에는 《조선일보》·《중앙일보》·《동아일보》 기자도 속해 있었다.

《미디어오늘》은 언론의 정파성을 극복하고 공정성과 신뢰도를 회복할 수 있는 길을 찾고자 20년 넘게 부당한 프레임을 끊임없이 비판하고 반성해왔다. 이 책은 수많은 작업들 가운데 한 조각이다. 언론이 사건을 어떻게 바라보고 개념 짓느냐에 따라 사회는 우리의 예상보다 많이 좌우되어왔다. 그래서 뉴스 수용자들의 '미디어 리터러시'(비판적 독해능력)가 사회 진보를 위해 절실하다. 이 책에는 그 절실한 마음이 담겼다.

이 책은 한국 현대사에 관심 있는 시민들과 신문방송 분야에 관심이 많은 학생들과 언론인 지망생들에게도 유용하고 재미있는 교재가 될 수 있을 것이라 믿는다. 이 책이 나오기까지 많은 도움을 준 이정환《미디어오늘》편집인과 민동기《미디어오늘》편집국장, 도서출판 동녘 구형민 편집자에게 감사드린다. 더불어 이 책을 접하는 독자들에게《미디어오늘》에 대한 애정도 함께 부탁드린다.

2017년 8월
정철운《미디어오늘》기자

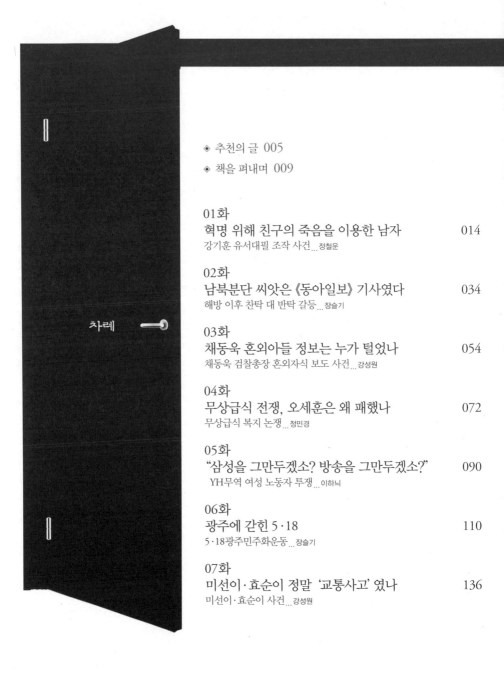

◈ 추천의 글 005

◈ 책을 펴내며 009

01화
혁명 위해 친구의 죽음을 이용한 남자　　　　014
강기훈 유서대필 조작 사건...정철운

02화
남북분단 씨앗은 《동아일보》 기사였다　　　034
해방 이후 찬탁 대 반탁 갈등...장슬기

03화
채동욱 혼외아들 정보는 누가 털었나　　　054
채동욱 검찰총장 혼외자식 보도 사건...강성원

04화
무상급식 전쟁, 오세훈은 왜 패했나　　　072
무상급식 복지 논쟁...정민경

05화
"삼성을 그만두겠소? 방송을 그만두겠소?"　　090
YH무역 여성 노동자 투쟁...이하늬

06화
광주에 갇힌 5·18　　　110
5·18광주민주화운동...장슬기

07화
미선이·효순이 정말 '교통사고'였나　　　136
미선이·효순이 사건...강성원

차례

08화
윤전기를 멈추며 시작된 1987년의 함성   154
박종철 고문치사 사건...이하늬

09화
2008 촛불, 공영방송을 증명하다   188
미국산 쇠고기 수입반대 촛불집회...금준경

10화
언론, 정신이상자로 여성혐오를 지우다   210
강남역 살인 사건...정민경

11화
최초의 국가 주도 언론개혁 전쟁, 승자는   230
언론사 세무조사...정철운

12화
황우석을 위한 그 이름, 언론   250
황우석 줄기세포 논문 조작 사건...김도연

13화
불법도청 프레임에 봉인된 X파일,
승자는 삼성이었다   288
삼성 X파일 사건...김도연

14화
"이게 다 햇볕정책 때문이다"   308
제1차, 제2차 남북정상회담...금준경

15화
손석희가 지켜낸 프레임 그리고 손석희 죽이기   326
박근혜-최순실 국정농단 사건...정철운

◈ 참고문헌 347

01

혁명 위해
친구의 죽음을
이용한 남자

강기훈 유서대필 조작 사건

———

정철운

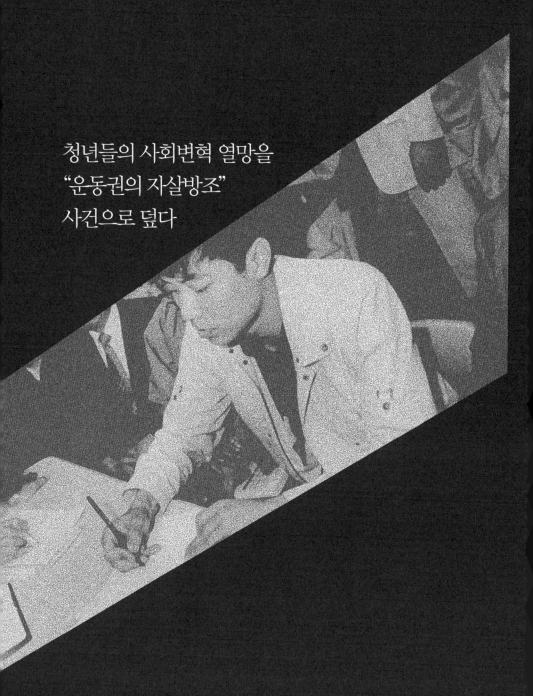

청년들의 사회변혁 열망을
"운동권의 자살방조"
사건으로 덮다

"그냥…… 들러리 서기 싫어서……"
정부가 내놓은 카드는 '유서 대필'이었다
유서 대필 보도로 노태우 정부 비판 기사 줄어들다
언론은 이 거대한 사기극의 공범이었다

"그냥 …… 들러리 서기 싫어서……."

**"사건번호 2014도2946 피고인 강기훈.
검사 상고를 기각한다"**

저 한마디를 듣기 위해 싸웠던 시간이 24년이었다. 사법부의 치욕이
자 언론의 수치로 남은 1991년 강기훈 유서대필 조작 사건은 그렇게
허탈한 마침표를 찍었다. 강기훈은 대법원 무죄 확정판결이 난 2015
년 5월14일 언론 앞에 나타나지 않았다. 1991년 사건 당시 그를 취재
했던 《한겨레》 김의겸 기자가 강기훈에게 전화를 걸어 왜 안 나왔는
지 물었다. "그냥 …… 들러리 서기 싫어서……."

  1991년 5월 김의겸 기자와의 인터뷰에서 "승리는 진실로 무장하고
있는 우리의 것"이라고 자신감을 드러냈던 이 청년은 이제 간암투병
으로 쇠약해진 중년이 됐다.

  1987년 민주화 이후 민주주의 체제는 역설적으로 반동적인 노태우
정부와 함께 시작했다. 노동운동·통일운동 진영이 노태우 정부의 폭

《조선일보》
1991년 5월 5일자 기사.

압에 맞서 연일 투쟁 수위를 높여가고 있던 1991년 4월 26일 명지대생 강경대가 시위 도중 백골단의 쇠파이프에 맞아 사망했다. 공권력의 과잉진압은 전국적 분노를 일으켰다. 대학생들이 연달아 분신했다. 6월 29일까지 스스로 목숨을 던진 이만 13명이었다. 노태우 정부 반대 시위는 87년 이후 최대 규모로 이뤄졌다. 사태는 걷잡을 수 없이 흐르고 있었다. 노태우 정부는 1987년 박종철 고문치사 사건 당시의 국면을 떠올리며 노심초사했다.

　그 때 《조선일보》와 시인 김지하가 구원투수처럼 등장했다. 김지하는 《조선일보》 5월 5일자 1면 칼럼을 통해 "젊은 벗들! 지금 곧 죽음의 찬미를 중지하라. 그리고 그 굿판을 당장 걷어치워라"라고 외쳤다. 이 시인은 "그 어떤 경우에도 생명은 출발점"이라고 강조하며 "자살은 전염한다. 당신들은 지금 전염을 부채질하고 있다. 열사 호칭과 대규모 장례식으로 연약한 영혼에 대해 끊임없이 죽음을 유혹하는 암시를 보내고 있다"고 주장했다. 군부독재와 싸웠던 시인의 칼럼은 역설적으로 노태우 정부의 다급함을 드러내고 있었다.

'죽음을 선동하는 세력이 있다'

이런 가운데 전국민족민주운동연합(전민련) 사회부장 김기설이 5월 8일 오전 8시쯤 서강대 본관 옥상에서 몸에 불을 붙인 뒤 노태우 퇴진을 외치고 투신했다. 옥상에선 유서 두 장이 발견됐다. 《동아일보》는 사건을 목격한 서강대생의 증언을 토대로 "어떤 사람이 갑자기 옥상

위에서 혼자 팔을 치켜들고 구호를 외친 뒤 갖고 있던 라이터로 온몸에 불을 붙이고 곧바로 뛰어내렸다"고 보도했다. 검찰은 준비나 한 듯이 사건이 계획됐다는 프레임을 곧바로 들고 나왔다. 김지하 칼럼이 운동권의 비인간성을 주장하는 선언이었다면, 검찰 수사는 이 선언을 뒷받침하는 과정이었다.

《조선일보》는 5월 9일자 지면에서 "강경대 군 치사 사건 이후 일어난 4건의 연쇄 분신 사건이 방법이 유사하고 호남-영남-경기-서울 분포를 이루고 있다"고 전하며 "검찰이 분신 사건에 적극적으로 수사에 착수한 것은 이들 분신 사건이 우발적이라기보다 계획적일 가능성이 있다는 판단에 따른 것"이라고 보도했다. 물론 《조선일보》는 "검찰이 분신 사건의 계획성에 수사의 초점을 맞출 경우 운동권을 고립시키기 위한 전략이 아닌가 하는 비판을 자초할 소지도 크다"고 덧붙이며 검찰의 의도 또한 눈치 채고 있었다.

정구영 검찰총장 등 검찰 관계자는 5월 8일 기자들과 만나 이 사건이 계획적일 수 있다는 뉘앙스를 풍겼다. 《한겨레》 5월 9일자 지면에 실린 대검 관계자의 말을 보자. "시위 효과를 극대화하기 위해 운동권에서 내부적으로 정해진 순서에 따라 자살을 기도한다는 소문이 있다." 이는 8일 박홍 서강대 총장의 발언과 묘하게 이어졌다. 박홍은 "우리 사회에 죽음을 선동·이용하는 반생명적 세력이 분명히 있다"며 "이 세력의 정체를 폭로해야 한다"고 주장했다. 박홍은 끝내 배후 세력에 대한 증거를 제출하지 않았다. 그러나 언론은 그의 말을 그대

《중앙일보》
1991년 5월 24일자 기사.

●

로 받아썼다. 《조선일보》는 5월 10일자 사설에서 "교육자다운 용기 있는 발언"이라며 박홍을 치켜세우기도 했다.

정부가 내놓은 카드는 '유서 대필'이었다

언론, 검찰의 나팔수가 되다

제도언론은 검찰발 기사 쓰기에 급급했다. 《조선일보》는 5월 9일자에 〈분신현장 2~3명 있었다: 목격 교수 진술, 검찰 자살 방조 여부 조사〉 기사를 실었다. 그런데 같은 날 《동아일보》에는 〈옥상엔 혼자 있었다: 서강대 운전사 경찰에 밝혀, 목격 교수들 "2~3명 있었다고 말한 적 없다"〉라는 정반대의 기사가 실렸다. 《조선일보》는 바로 다음날인 10일자에서 문제의 목격 교수인 윤여덕 서강대 교수의 반박을 담았다. 윤 교수는 맞은편 본관 옥상에서 흰 점퍼 차림의 누군가를 봤다고 했다. 하지만 정황상 그 누군가는 사건 직후 옥상에 올라가 상황을 살펴본 서강대생이었다. 검찰 주장을 철썩 같이 믿었던 《조선일보》가 망신을 당했다.

그럼에도 대다수 언론은 검찰 뜻대로 움직였다. 박홍 발언에 무게감을 얹고 사건에 미스터리를 주입하는 식이었다. 예로 《중앙일보》는 5월 9일자 기사에서 "분신 직후 다른 사람이 즉시 유서를 공개하거나 현장 사진이 찍히기도 했다", "본관 5층 옥상으로 통하는 출입문이 전날 저녁부터 잠겨 있었음에도 외부인인 김 씨가 올라갈 수 있었다"며 외부인의 '조력' 가능성을 강조했고, 박홍 총장의 발언에 대해선 "검찰은 사회민주화에 깊은 이해와 관심을 가지고 있는 진보적 지식인 박 총장이 자칫 재야운동권에 타격을 줄 수 있는 민감한 발언을 한 데 대해 주목하고 있다"고 보도했다.

전남대생 윤용하는 김기설에 이어 5월10일 분신을 시도하며 노트에 이렇게 적었다. "누가 분신을 배후조종한단 말인가. 하나밖에 없는 생명을 그 누가 버리라고 한단 말인가." 잇따른 청년들의 죽음은 노태우 정부에 의한 엄연한 타살이었다. 그럼에도 당시 국면을 자살방조 사건으로 몰고 가며 운동권의 메시지를 패륜으로 덮어버리려 했던 노태우 정부는 서서히 안도하기 시작했다.

너희가 아무리 목숨을 바쳐도 노태우 정부는 안전하다

《국민일보》는 5월18일자 지면에서 "검찰은 김 씨가 남긴 유서 필적이 자필과 다른 사실을 밝혀내 유서를 대신 써준 사람을 찾아내는 데 수사력을 모으고 있다"고 보도했다. 《세계일보》는 5월19일자 지면에서 "검찰이 자살 방조 혐의의 유력한 용의자로 전민련 간부를 지목하고 신병확보에 나선 것은 잇따른 분신 사건에 배후세력이 있다는 가설을 입증해주는 것이어서 전율을 느끼게 한다"고 보도했다. 언론은 이 소설 같은 상황에 깊이 몰입했다. 전민련 측 반박은 검찰 주장과 비교할 수 없을 정도로 작게 처리됐다.

《조선일보》는 19일 미국 《뉴욕타임스》에 한국의 연쇄자살 사건이 크게 실렸다며 기사를 소개하기도 했다. 요지는 이랬다. "젊은이들의 자살이 그 어떤 경로를 통해 중앙에서 명령을 받은 것이라는 소문이 나돌고 있으며 일부 사람들은 이 지령이 실의에 빠지고 고립된 북한으로부터 나오고 있다고 은밀히 암시하고 있다. 또 다른 사람들은 이런 지령이 운동이 점점 무력해지는 것을 두려워한 급진주의자들로부터 나오고 있다고 말하고 있다." 기사보다 창작에 가까운 대목이었다. 《조선일보》는 《뉴욕타임스》의 권위를 빌려 독자를 흔들었다.

이 신문은 "만약 자살의 의도가 87년처럼 한국의 중간계층을 다시 한 번 거리에 끌어들여 급진파 학생들의 말처럼 전정권보다 나을 것이 없는 정부를 쓰러뜨리는 데 있다면 자살은 실패했다고 볼 수 있다. 왜냐하면 노 정권은 적어도 지금까지는 안전한 듯해 보인다"고 전했다. 너희가 아무리 목숨을 바치더라도 노태우 정부는 안전하다고, 언론이 대신 대변한 꼴이었다. 당시 언론사 가운데 오직 《한겨레》만이 검찰발 주장을 반박하며 강기훈 측 주장을 중점적으로 보도했다.

멈추지 않는 강기훈 마녀사냥

검찰은 박홍 기자회견 사흘 뒤인 5월11일 전민련 측에 김기설 필적이 있는 업무일지를 제출하라고 요구한 뒤 13일 김기설의 애인 홍 아무개를 불러 100시간 넘게 조사했다. 그리고 16일 강기훈을 유서대필 혐의자로 지목했다. 5월21일자 《조선일보》는 "강기훈이 김기설 분신

1991년 5월 강기훈 씨(가운데)가
기자회견을 열고 자신의 필적을 보여주고 있는 모습. ⓒ연합뉴스

직후 수사에 대비하기 위해 김기설의 애인 홍 아무개를 만나 수첩에 김기설이라는 글자와 전민련 전화번호를 써줬다"고 보도했다. 자신의 필적을 김기설의 필적으로 제출하게끔 했다는 것이었다. 전민련 측은 "홍 아무개를 만난 건 사실이나 수첩에 글씨를 써주진 않았다. 검찰의 강압수사에서 (홍 아무개가) 착오로 진술한 것"이라고 반박했다.

하지만 강기훈을 향한 마녀사냥은 멈추지 않았다. 언론은 강기훈이 수사에 협조하지 않고 명동성당에서 농성을 벌이자 공권력이 실추됐다고 강조했으며, 강기훈에게는 "결백하면 수사에 응하라"고 주장했다. 강기훈을 대변했던 천주교 정의구현사제단을 향해서는 "과잉 옹호"라고 비판했다. 그리고 5월25일, 검찰은 전민련이 제출한 김기설의 수첩이 조작됐으며, 전민련 총무부장 강기훈이 유서를 대필했다고 공식 발표했다.

검찰은 김기설 필적과 유서 필적을 감정한 결과 필적이 다르다는 국립과학수사연구원 결과를 핵심 근거로 내세웠다. 그리고 강기훈이 1985년 경찰서에서 쓴 자술서와 유서가 동일 필적이라고 주장했다. 당시 《한겨레》만이 "사설감정기관에 의뢰한 결과 전민련이 제출한 김 씨 수첩과 유서가 동일 필적으로 나타나 국과수 감정 결과와 정면으로 배치되고 있다", "문제의 수첩에는 숨진 김 씨밖에 쓸 수 없는 내용이 다수 들어 있다"며 '고군분투'했지만 수사 결과를 바꿔놓지 못했다.

김기설의 필체를 찾아다니며 강기훈의 억울함을 풀고자 했던 김의겸 기자는 당시 상황을 이렇게 회상했다.

1991년 6월 22일 검찰의 김기설 유서 대필 주장에
반박하는 강기훈 씨(가운데)의 기자회견 모습. ⓒ연합뉴스

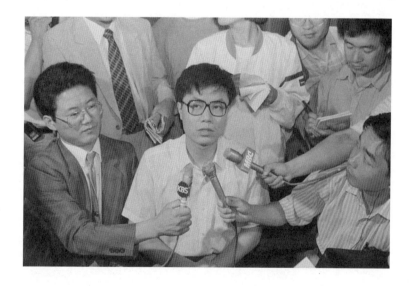

김기설의 새로운 필체가 나타날 때마다 '이제는 검찰이 수사를 끝내겠지'
하고 기대를 걸었다. 하지만 매번 좌절이었다. 검찰은 어떤 증거가 발견돼
도 다 조작이라고 했다. 특히 김기설이 쓰던 전민련 수첩이 발견되었을 때
가 그랬다. 수첩은 누가 봐도 유서와 같은 필적이었다. 그런데 며칠 뒤 검
찰이 '수첩의 절취선이 맞지 않는다'며 그 수첩마저 강기훈이 급하게 조작
한 것이라고 강변했다. 상황은 다시 원점으로 돌아갔다.

유서 대필 보도로 노태우 정부 비판 기사 줄어들다

강기훈, 징역3년형 선고

검찰은 국과수 필적 감정 결과를 앞세워 강기훈이 김기설의 유서를
대신 써주고 자살을 방조했다는 혐의로 7월12일 기소했다. 7월13일
자 《한국일보》는 "결정적 증거 없이 이 빠진 공소"라고 지적했고 《세
계일보》 또한 "검찰도 (강 씨를) 연행한 이후 수사에 진척이 없다고 인
정했다"며 "과학수사연구소의 필적 감정이 유일한 증거"라고 보도했
다. 검찰은 대필 일시와 장소도 밝히지 못했다. 대신 검찰은 1심 첫 공
판에서 "혁명을 위해선 자신의 아버지도 죽일 수 있는 것이 공산주의
자"라며 강기훈이 친구의 죽음을 혁명을 위해 이용했다는 식의 논리
를 폈다. 이후 8월12일 국가보안법 위반 혐의가 추가됐고 법원은 강
기훈에게 징역3년형을 선고했다.

법원은 판결문에서 "김영형 등 감정인들이 검찰 의도대로 감정했다는 증거가 없고 변호인이 김기설의 필적이라 제출한 자료는 많은 부분 조작된 흔적이 있다"며 "체제 타도를 목적으로 자살을 방조하는 것은 엄벌에 처해 마땅하지만 대필 경위가 밝혀지지 않은 상태에서 중형을 선고하는 것은 어렵다"고 밝혔다. 필적 감정 논란과 법적 다툼으로 지면이 채워지며 다른 주요 사건들은 묻혔다. 무엇보다 노태우 정부 비판 여론이 지면에서 크게 줄었다.

당시 권영길 언론노조위원장은 "김 씨가 전민련의 부추김에 의해 죽을 수 있는 사람이라면, 선동적이지도 않은 짤막한 유서까지 남에게 대신 쓰게 해가며 선전 효과도 적은 아침 8시에 범행을 벌였는지 하는 정반대 의심이 오히려 가능하다"고 반박하며 "검찰에는 대필이 입증되지 않으면 사건을 미궁에 빠뜨려 책임을 피하고 시국냉각이라는 정치적 효과에 만족하는 퇴로가 있을 수 있다"고 우려했다.

재야운동의 도덕성도 타격을 입다

당시 강기훈 변론을 맡았던 이석태 변호사는 훗날 《경향신문》과의 인터뷰에서 "가장 받아들이기 힘들었던 건 희로애락을 함께 나누던 동료가 죽으려고 마음먹었을 때 말리지 않고 유서를 대신 써줄 수 있는 조직으로 국가가 전민련을 몰면서 시민사회운동에 대한 불신감을 깊이 드러낸 것"이라고 밝혔다. 언론은 대필 의혹이 밝혀져야 한다면서도 검찰의 무리한 기소를 적극적으로 비판하고 사건의 실체에 접근하는 데는 소홀했다. 의도적으로 소홀했다는 표현이 더 맞을지 모른다.

이 와중에 《조선일보》는 5월27일자 지면에서 김기춘 신임 법무부장관을 두고 "깔끔한 외모에 업무처리가 빈틈없고 치밀해 완벽주의자라는 평을 듣는다", "검찰의 위상을 확립하는 데 큰 역할을 했다"고 보도했다. 박홍 총장은 이 무렵 《중앙일보》와의 인터뷰에서 "어둠의 세력은 실존단체가 아니라 죽음을 선동하는 사회적 분위기"라고 밝힌 뒤 "목적을 위해 생명을 도구화하는 영혼의 그늘은 단호히 끊어야 한다"고 주장했다. 그렇게 재야운동의 도덕성도 심각한 타격을 입었다.

이런 가운데 국과수의 김기설 유서 필적 감정이 조작됐을 가능성이 있다는 MBC 보도가 1992년 등장했다. 당시 홍순관 MBC 기자는 6개월간의 취재 끝에 국과수 문서분석실장 김형영이 수많은 문서를 허위감정해왔다고 보도하며 국과수의 신뢰도에 큰 타격을 줬다. 하지만 MBC는 해당 기사를 축소시켰다. 김형영 구속이 임박했던 2월14일 MBC 〈뉴스데스크〉는 이 사건을 14번째 아이템으로 배치했다. 검찰은 이 사건을 단순한 뇌물수수 사건으로 몰고 갔다.

강기훈은 김형영의 구속 사실을 교도소에서 접했다. 그는 훗날 1994년 8월17일 만기 출소한 뒤 《언론노보》와의 인터뷰에서 "(국과수 필적감정 조작이) 예상대로 그냥 흐지부지 넘어가는 모습을 보며 또 한 차례 언론에 대한 불신감을 가질 수밖에 없었다"고 말했다. 그는 "과거의 언론은 권력의 눈치를 보는 나약한 존재였지만 지금은 하나의 권력이 되어 기득권을 지키기에 급급하다"고 비판한 뒤 "이제 상품가치가 없는 나를 신문들이 찾겠나"라며 씁쓸해했다.

언론은 이 거대한 사기극의 공범이었다

'누구를 욕해야 할지 모르겠다'

사건은 잊혔다. 하지만 강기훈 본인만큼은 잊을 수 없었다. 2007년 참여정부 진실화해위 조사를 통해 진실이 드러났다. 국과수 감정 결과는 조작된 것이었다. 김기설의 필적이 담겨 있던 노트를 분석한 결과 국과수 및 7개 사설감정기관은 김기설 유서의 필적과 동일하다고 판단했다. 노태우 정부의 유서대필 조작 사건은 김형영이 진행한 것으로 드러났다. 이 결과를 바탕으로 강기훈은 2009년 9월 서울고법에서 재심 개시 결정을 받을 수 있었다.

2014년 1월16일 법정 최후진술에서 강기훈은 말했다.

지난 20여 년간 하루도 빼놓지 않고 꿈속에서도 무한 반복되는 장면으로 고통을 겪었다. …… 누구를 욕해야 할지 모르겠다. …… 끝없이 지속됐던 불면의 나날과, 여러 사람들을 저주하며 보냈던 시간과도 이별하고 싶다.

그해 2월13일 서울고법은 그에게 무죄를 선고했다. 고법은 강기훈의 필적과 유서 필적 중 'ㅎ'과 'ㅆ'의 필법이 다른 점에 주목했다. 유서의 'ㅆ'은 제2획이 없는 독특한 글씨체였지만 강기훈의 글씨에는 그런 특징이 없었다. 23년 전에도 누구나 알 수 있었던 사실이었다.

2015년 5월 14일 대법원의 무죄 확정판결이 난 다음날, 《조선일보》는 사설을 통해 "증거의 신빙성에 대한 판단은 재판부마다 다를 수는 있다. 궁극적 진실은 강 씨 본인이 아는 것이다"라며 엉뚱한 주장을 폈다. 이 신문은 "모든 법관은 자신들의 판단 하나하나가 한 사람의 인생을 결정짓게 된다는 사실을 무겁게 봐야 한다"고 적었다. 어디 법관뿐이랴. 검찰 측 주장을 확대재생산하며 한 인간의 삶을 망가뜨린 공범치고는 예의가 없는 사설이었다. 모든 언론은 자신들의 기사 하나하나가 한 사람의 인생을 결정짓게 된다는 사실을 무겁게 봐야 한다.

이 조작 사건이 국과수 김형영 개인의 일탈이었다고 믿는 순진한 사람이 몇이나 될까. 언론이 이 사건을 적극적으로 파헤쳤다면 노태우는 대통령 임기를 제대로 마치지 못했을 수 있다. 1992년 대선에선 김영삼이 당선되지 못했을 수 있다. 무엇보다 아무 죄 없는 한 사람의 인생이 지금처럼 처참하게 무너지지는 않았을 것이다. 하지만 언론은 청년들의 죽음이 가리켰던 '사회 변혁'의 열망을 '유서 대필 공방'으로 몰고가며 체제 유지에 가담했다. 언론은 이 거대한 사기극의 공범이었다.

'한국판 드레퓌스' 사건

이 사건은 '한국판 드레퓌스' 사건으로 수십 년간 사람들의 입에 오르내렸다. 1894년 프랑스 육군 대위 알프레드 드레퓌스는 군사기밀을

1화_혁명 위해 친구의 죽음을 이용한 남자

유출한 혐의로 종신유형을 선고받고 유배를 당했다. 드레퓌스는 결백을 주장했으나 프랑스 군 검찰은 필적감정 결과를 조작했다. 하지만 작가 에밀 졸라는 〈나는 고발한다〉라는 글을 통해 드레퓌스가 누명을 썼고 군 고위층이 범죄를 은폐했다고 주장했다. 드레퓌스는 1906년 재심에서 무죄판결을 받았다.

한국 사회는 이 조작 사건에서 무엇을 배웠을까. 당시 법무부장관이던 김기춘은 박근혜 정부의 '왕실장'으로 불리며 2017년 촛불이 등장하기 전까지 오랫동안 건재했다. 곽상도 검사는 2013년 민정수석이 되어 당시 《조선일보》 편집국장을 만나 채동욱 검찰총장의 혼외자식 관련 정보를 넘겨 국가정보원 대선개입 사건을 은폐하려 했다는 의혹을 받았다. 조작 사건에 가담했던 이들은 처벌받지 않았다. 그리고 과거의 잘못을 반복했다. 언론 또한 마찬가지였다. 이제 1991년의 과거로 되돌아갈 순 없다. 청년 강기훈의 눈빛이 우리에게 무겁게 다가오는 이유다.

02

남북분단 씨앗은 《동아일보》 기사였다

해방 이후 찬탁 대 반탁 갈등

장슬기

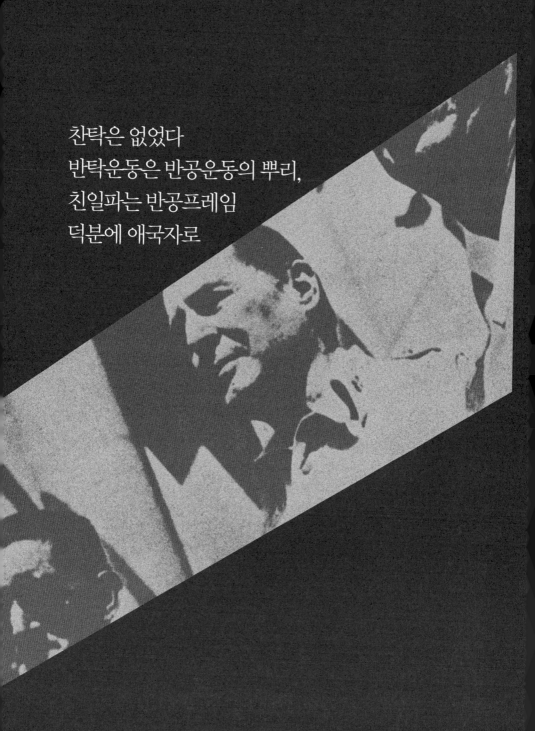

찬탁은 없었다
반탁운동은 반공운동의 뿌리,
친일파는 반공프레임
덕분에 애국자로

《동아일보》의 신탁통치 왜곡 보도
대중운동으로 확산된 반탁 열풍
구제불능 친소주의자로 낙인찍힌 박헌영
좌우 대립이 남북 분단으로 이어졌다

《동아일보》의 신탁통치 왜곡 보도

미국의 신탁통치 제안을 소련의 제안인 것처럼 왜곡하다
《동아일보》 1945년 12월 27일자 1면에 실린 〈소련은 신탁통치 주장, 미국은 즉시 독립 주장, 소련의 구실은 38선 분할점령〉이라는 기사는 거짓이었다. 12월 16일 모스크바에서 소련·미국·영국 3국 외상이 만나 조선 문제를 논의했다. '모스크바 3상회의' 결과를 전하는 해당 보도는 실제 미국이 제안한 신탁통치를 소련이 제안한 것처럼 왜곡했다.

번즈 미 국무장관은 출발 당시 소련의 신탁통치안에 반대해 즉시 독립을 주장하도록 훈령을 받았다고 하는데 3국 간에 어떤 결정이 있었는지 없었는지는 불명하나, 미국의 태도는 카이로 선언에 의해 조선은 국민투표로써 그 정부의 형태를 결정할 것을 약속한 점에 있는데, 소련은 남북 양 지역을 일관한 일국 신탁통치를 주장해 38선에 의한 분할이 계속되는 한 국민투표는 불가능하다고 하고 있다.

038

《동아일보》
1945년 12월27일자 1면 기사.

한국 언론사에서 좌우 이념이 대립한 최초의 사건

《동아일보》의 신탁통치 왜곡 보도는 한국 언론사史에서 좌우 이념이
대립한 최초의 사건이다. 《동아일보》는 당시 친일파 지주들이 중심이
된 한국민주당(한민당)의 핵심 김성수가 창간한 신문으로, 송진우가
사장으로 있었고 '한민당 기관지'라 불렸다.

한국인들은 신탁통치를 '제2의 식민지'로 생각해 격렬히 반대했다.
반탁 열풍은 시위·동맹휴학 등 대중운동으로 확대됐다. "전 민족이
투쟁하자"(김구), "전국이 결의 표명"(이승만), "최후까지 투쟁하자"(송
진우) 등 성명서가 쏟아졌고, 임시정부는 '신탁통치반대국민총동원위
원회'를 설치했다. 자연스럽게 반탁운동은 신탁통치를 제안했다고 알
려진 소련에 적대적인 성격을 보였다.

그러나 실제 모스크바 3상회의 내용은 《동아일보》 보도와 달랐다.
신탁통치안은 소련이 아닌 미국의 구상이었다. 미 대통령 루스벨트는
1943년 테헤란회담에서 소련 수상 스탈린에게 "한국민은 40년의 훈
련 기간이 필요하다"고 제안했고, 2년 뒤 얄타회담에서 '한반도는 소
련·미국·중국 등에 의해 20~30년 신탁통치가 필요하다'고 했다. 루
스벨트 사망 이후 대통령이 된 트루먼은 신탁통치에 소련 영향력을
배제해야 한다는 입장이었다. 소련은 미국의 제안과 달리 신탁통치
기간이 짧을수록 좋다는 입장이었다.

3상회의 결정의 핵심은 조선의 독립민주정부 수립이었다. 회의에
서는 이를 위한 신탁통치가 논의됐다. 다만 3상회의 결정에 신탁통치

내용이 들어 있기 때문에 신탁통치가 소련이 제안한 게 아니라 미국이 제안했다는 사실과 신탁통치의 목적이 제2의 식민지가 아니라 조선의 독립에 있다는 사실이 언론을 통해 전달돼야 했다. 합의문 1항이 "조선을 독립국가로 재건하고 민주적 원칙에 바탕을 둔 발전"을 위한 "임시적인 조선민주정부 수립"이다. 이를 위해 2항에서 "남조선의 미군사령부와 북조선의 소련군사령부의 대표들로 공동위원회를 설립"하고 "그 위원회는 조선의 정당·사회단체와 협의해야 한다"고 했다. 신탁통치 내용이 담긴 3항 "조선 독립의 달성을 위해 협력·원조할 수 있는 방책 작성"은 부수적인 것이었다.

대중운동으로 확산된 반탁 열풍

반탁운동 확산, 친일파는 애국자·좌익은 매국노

모스크바 3상회의 결정을 지지하는 건 '조선의 민주적 독립정부 건립'을 지지하는 것에 가까웠다. 하지만 《동아일보》가 3상회의 결정을 '소련에 의한 신탁통치'로 왜곡하면서 '3상회의 결정 지지'는 '찬탁'으로 변질됐다.

좌익세력은 사실 파악에 우선했다. 국내에는 30일부터 3상회의 결과가 보도됐다. 여운형은 조선인민당 선전국장 김오성에게 "이번 3상회의 결정을 반대하는 것은 논리상으로 따지면 임시정부를 세우지

해방 이후 박헌영(왼쪽)은 조선공산당,
책임비서 여운형은 조선인민당 당수를 맡았다.
이 사진은 반공서적에 '음모를 꾸미는 공산주의자'로
묘사되며 많이 실렸다.

않겠다는 말과 다름이 없소"라며 "원색적인 감정은 눌러두고 냉철해야지, 임시정부 수립에 천재일우의 좋은 기회요"라고 말했다. 46년 1월3일 좌익 최대세력인 조선공산당은 '3상회의 결정 지지' 입장을 밝혔다.

김구와 이승만 등 우익은 '3상회의 결정'을 곧 '소련에 의한 신탁통치'로 봤기 때문에 좌익을 '찬탁세력'으로 몰았다. '찬탁' 표현이 처음 나온 건 1월4일, 한민당은 '조선공산당이 반탁 대신 신탁통치를 수락했다'고 발표했다. 좌익이 찬탁을 주장하지 않은 사실은 1월7일 한민당·국민당·조선공산당·조선인민당이 모여 '자주독립과 민주정부 수립'에 동의한 '4당 코뮤니케'에서도 드러난다.

그러나 1월7일 이승만이 "탁치(신탁통치)가 강요된다면 열국의 종속민족으로 우리에 대한 생사여탈권을 타인에게 맡겨놓은 격이 될 것"이라며 반탁 입장을 밝히자, 8일 한민당은 '4당 코뮤니케'를 번복했다. 앞서 한민당 수석총무 송진우(《동아일보》사장)가 3상 협정안을 확인하고 이를 지지하자 45년 12월30일 새벽 한현우·유근배 등에게 암살당한 사건도 영향을 끼쳤던 것으로 보인다. 사실에 근거한 합리적 판단이 마비된 시기였다. 미군정의 하지 중장, 장택상, 조병옥 등은 송진우 암살 배후로 김구를 지목했다.

해방 직후 가장 중요한 이슈는 친일파 청산과 토지개혁이었다. 당시 미군정이 실시한 조사에서 서울시민이 선호하는 경제 체제는 자본주의 14퍼센트, 사회주의 70퍼센트, 공산주의 7퍼센트로 나타났다.

주로 좌익이 진정성 있게 독립운동을 했기 때문이다. 열세에 놓인 우익, 특히 친일파들은 《동아일보》 왜곡 보도로 분위기를 뒤집었다. 친일청산과 토지개혁은 '반탁 프레임'으로 바뀌었다. '반탁=반소=반공=애국'과 '찬탁=친소=용공=매국'으로 구분됐다.

왜곡 보도의 배후세력은

《동아일보》 왜곡 보도 출처는 '워싱턴 25일발 합동'이었다. 모스크바에서 '조선에 대한 결정'이 공식 발표된 시각은 12월28일 정오, 한국시각 28일 오후 6시, 워싱턴 시각 28일 오전 4시였다. 주한미군사령부가 3상회의 결과를 워싱턴에서 통보받은 시각은 29일 오후였다. 《동아일보》는 공식발표 전에 이런 중대한 내용을 잘못 보도한 것이다.

미군정의 '신탁통치'라는 보고서에서 《동아일보》 기사 출처로 지목한 곳은 《합동통신》, 《성조기》, 《태평양성조기》였다. 동아시아 미군들을 상대로 도쿄에서 매일 발행된 《태평양성조기》 27일자 내용이 《동아일보》 왜곡 보도와 내용이 똑같았다. 필자는 UP통신의 랄프 헤인젠 기자였다. 헤인젠 기자는 30년대부터 유럽에서 활동했고, 동아시아와 별 인연이 없었다. 동료들 사이에선 '날조 전문가'로 악명이 높았다.

정리하면 3상회의 공식 발표 이전에 신뢰도가 떨어지는 필자가 쓴 도쿄의 《태평양성조기》에 실린 글이 하루 만에 '합동통신사'를 거쳐 서울의 《동아일보》에 실린 것이다.

《합동통신》은 일제강점기 《도메인통신》을 미군정이 1945년 11월에

1945년 12월27일
《동아일보》의 왜곡 보도 이후
반탁운동이 활발하게 일어났다.

접수해 합병 등을 거쳐 만든 통신사다. 《합동통신》 주간 김동성은 이 승만 정권 초대 공보처장을 맡을 정도로 이승만과 친했다. 이승만과 김동성의 힘만으로 도쿄와 서울에서 동시에 왜곡 보도를 낼 순 없다. 일본과 한국의 여론을 동시에 장악할 수 있는 곳은 미군정(주한미군) 과 맥아더의 도쿄 극동군사령부밖에 없었다. 미군정은 남한 내 언론 을 검열하고 있었다.

당시 미군정은 반소·반공 여론이 필요했다. 일본 항복 이전부터 소 련이 한반도 북쪽에 주둔했고, 미군은 소련의 남하를 막기 위해 38선 을 그었다. 38선 이남 민심마저 좌익에 우호적이었고, 신탁통치 반대 나 친일청산 요구가 거셌다. 미국 본토 정부에 비해 태평양 주둔 미군 은 남한 여론에 신경을 쓸 수밖에 없었다. 미군정은 신탁통치가 남한 정국에 미칠 파장을 우려해 신탁통치 계획 수정을 미 국무부에 요청 하기도 했지만 거절당했다.

미군정청 공보부는 12월29일자 《정계동향》에 "미국이 즉시 독립을 원한 반면 소련은 신탁통치를 주장했다는 합동통신사KPP의 기사 배 포가 강력한 반소감정을 일으켰다"고 기록했다. 왜곡 보도로 남한 내 우익과 미군정은 반소·반공을 고리로 여론의 지지를 얻기 시작했다.

구제불능 친소주의자로 낙인찍힌 박헌영

박헌영 기자회견 왜곡, 미군정의 좌익 죽이기

《뉴욕타임스》 통신원 리처드 존스톤이 조선공산당 책임비서 박헌영의 기자회견을 왜곡한 건 '반탁=반소·반공' 프레임을 만든 또 하나의 사건이다.

1946년 1월5일 박헌영은 내·외신 기자들과 영어로 소련의 신탁통치와 소비에트 연방 가입 가능성 등을 묻는 기자회견을 했다. 존스톤은 박헌영이 소련 신탁통치를 찬성했고, 소련 가입 의사를 명백히 밝혔다고 기록했다. 《뉴욕타임스》에 실리지 않은 이 내용은 열흘 뒤인 1월15일 샌프란시스코 방송을 통해 알려졌고, 16일 《동아일보》·《대동신문》 등 우익 신문들이 인용하며 박헌영을 공격했다.

17일 조선공산당은 존스톤의 왜곡에 항의하는 성명을 발표했고, 18일 존스톤은 회견 취소를 원한다면 《뉴욕타임스》에 항의하라고 발언했다. 당시 《뉴욕타임스》에 박헌영 인터뷰가 실리지 않은 사실을 국내에서 확인하기 쉽지 않은 점을 악용해 거짓으로 대응한 것이다. 이날 미군정은 존스톤 기사에 왜곡이 없다고 발표했고, 조선공산당의 존스톤 추방 요청을 거절했다. 박헌영 기자회견 직후 미군정의 하지 장군이 존스톤의 메모에 대해 흥미롭다고 주의를 환기한 사실은 '박헌영-존스톤 사건' 배후가 미군정이라는 의심에 무게를 더한다.

박헌영 같이 노회한 정치가가 기자들 앞에서 조선공산당을 소련의

꼭두각시로 만드는 발언을 했을 가능성은 낮다. 그럼에도 미군정의
여론공작 결과 박헌영의 정적들은 그의 목에 현상금 30만 엔을 걸었
고, 박헌영은 좌익들 사이에서도 '구제불능의 친소주의자'로 낙인찍
혔다.

소련의 반격, 미군정 여론 통제

소련은 남한 내 상황을 파악하고 1946년 1월 22일 《타스통신》을 통해
'미군정이 남한 내 반소선전을 허용하고 3상회의 결정 반대를 자극한
다'는 평양발 급보를 냈다. 미국 정부는 아무 반응을 하지 않았고, 맥
아더 장군 대변인만 《타스통신》을 비난했다.

《타스통신》은 24일자로 미국이 신탁통치를 제안한 사실을 공개했
다. 미군정이 남한 내 언론을 통제해 《타스통신》 보도가 전달되지 않
자, 미소공동위원회 소련 대표 스티코프는 26일 서울에서 기자회견을
통해 《타스통신》 보도 전문을 발표했다. 그때도 미국 정부가 아무런
대응을 못한 것은 미군정이 반탁·반소 선전을 허용한 사실을 인정한
다는 의미다.

미군정의 언론 통제로 좌익의 목소리는 묻혔다. 《해방일보》는 46년
4월 29일 박헌영을 인용해 "조선에 대한 모스크바 3상회의 결의는 식
민지 민족해방과 독립을 보장하는 유일하게 옳은 국제적 원칙"이라
고 보도했고, 《노력인민》은 47년 11월 20일 〈파쇼희랍화하려는 조국
을 구하자〉라는 글에서 3상회의를 "조선민족을 위해 참으로 유리한

정부 수립 경축식에 참석한 한미 수뇌들.
왼쪽부터 미진주군사령관 하지, 태평양미육군 총사령관 맥아더,
한국 초대 대통령 이승만. ⓒ연합뉴스

진보적 결정"이라고 했다.

좌익 언론을 보면 미군정이 '3상회의지지'를 어떻게 '찬탁'으로 몰아 한국인을 탄압했는지 알 수 있다. 46년 1월 27일 전남 종연방직 공장장은 3상회의를 실현하기 위해 입국한 미소대표단 환영대회에 악기를 가지고 나갔던 것을 구실로 노조간부 손만기를 해고했다. 이곳 사장은 미군정의 관리였다.

2월 경성 철도 노동자들이 3상회의 실천을 위해 미소대표단 환영회에 참여하려 했다. 이를 간부들이 강제로 막았는데 당시 철도국장이 미국인이었다. 노동자들이 서울운동장으로 향하자 정체불명의 테러단이 습격했고, 철도노조 간부 김재완·방준표·박성순·임종한 등이 검거돼 전원 실형을 선고받았다.

13일자 《해방일보》는 "우리가 가장 이해하기 힘든 것은 미소대표단을 환영하자는 시민대회에 참여하려는 우리들에게 무슨 까닭으로 철도국장(미국인)은 참가하지 말라는 명령을 내렸고 테러범은 왜 석방하고 테러받은 우리들은 무슨 이유로 구금하는가"라며 "더욱 이상하게 생각하는 것은 조길행 간부 등이 지난 1월 12일 반탁데모 때 폭력으로 우리를 강요 참여케 했음에도 그들은 어찌하여 미군이 단호 처단치 않는가"라고 비판했다. 미군정이 3상회의 결정을 지지하는 국민을 '찬탁' 세력으로 몰아 폭력을 이용해 해산시킨 내용이다.

미소공동위원회 회의 절차를 토의하는 양국 대표들.
왼쪽은 미국 대표 하지 중장, 오른쪽은 소련 대표 스티코프 중장.

반공으로 갈라진 좌우

1945년 12월~46년 1월 두 달간 3상회의·신탁통치 관련 보도 중 《동아일보》는 다른 자유주의 신문들에 비해 신탁 반대 논평·시위 관련 보도 비중이 높았다. 《동아일보》는 신탁 반대 보도비율이 47.6퍼센트로 《조선일보》(31.9퍼센트)·《자유신문》(27.1퍼센트)·《중앙신문》(26.4퍼센트) 등에 비해 높았다. 반면 3상회의 결정을 지지하는 내용은 한 건도 보도하지 않았다. 《동아일보》는 3상회의·신탁통치에 대한 정당 관련 기사 역시 우익정당 반응은 64건을 보도했지만 좌익정당 반응은 11건밖에 보도하지 않았다.

《동아일보》는 46년 5월11일자 사설에서 소련을 "우리에게 탁치를 강요하는 나라"라고 비난하는 등 3상회의 결정 내용을 파악한 후에도 반공 프레임을 강화했다.

좌우 대립이 남북 분단으로 이어졌다

3·1절 기념식, 분열되다

미군정의 여론조작 결과 해방 후 첫 3·1절 기념식이 분열됐다. 좌우익은 서울운동장과 남산에서 각각 3상결정기념식과 반탁기념식을 열었다. 3000여 명의 3상결정 지지자 중 일부는 반탁을 외친 50여 명에게 기습적으로 폭행을 당했다.

좌우 대립은 남북 분단으로 이어졌다. 이승만은 세 달 뒤인 6월 3일 정읍에서 "우리는 무기휴회된 공위(미소 공동위원회)가 재개될 기색이 보이지 않으며 통일정부를 고대하나 여의치 않다"고 말했다. 남한 단독정부 수립을 바라는 중대 발언으로 패전·전범국인 일본 대신 한반도가 남북으로 찢어지는 결정적인 계기가 된다.

이승만은 1919년 미국에게 위임통치를 요청해 임시정부 대통령직에서 탄핵당한 인물이다. 그가 해방 이후에 신탁통치를 반대한 이유는 미군정의 뜻대로 소련을 공격하기 위해서였다. 김구를 중심으로 한 우익들은 '3상회의 결정'의 사실관계도 무시한 채 반탁을 외치며 이승만과 친일파에게 이용당했다.

분단정부 수립, 그리고 그 후

1945년 8월 15일, 일본 항복 이후 4개월이 지나서야 한반도 문제를 논의하기 위한 3상회의가 열렸다. 해방 이후 너무 오랜 시간이 흘러 다양한 이해관계가 충돌하는 가운데 《동아일보》 왜곡 보도로 좌우익 갈등이 극심해졌다. 3상회의 결정을 위해서는 미국과 소련이 적극적으로 만나 조선의 민주독립정부 수립을 준비해야 했다.

반탁운동은 46년 3월 1차, 47년 5월 2차 미소공동위원회가 무산되는 데 큰 공을 세웠다. 결국 같은 해 9월 17일 한국의 독립 문제는 유엔으로 이관됐다. 남한만의 단독정부를 수립하기 위한 조치였다. 48년 5월 10일 38선 이남에서 총선거가 실시됐다.

　　같은 해 12월 이승만 정부는 사실상 좌익 숙청이 목적인 '국가보안법'을 만들었다. 분단정부 수립 이후 첫 3·1절 기념사에서 이승만은 "해방 이후로 반탁운동과 반공운동에 우리 전 민족이 목숨을 내놓고 싸워서 태산 같은 방해를 다 물리치고 오늘까지 성공하여 온 것"이라고 선언했다.

　　반민족행위특별조사위원회(반민특위) 무산과 한국전쟁 전후 빨치산 숙청·국민보도연맹 학살 등은 《동아일보》 왜곡 보도 이후 예견된 일인지도 모른다. 누군가 정보를 조작하고, 그 정보를 믿은 대중의 행동 결과만 역사적 사실로 남는 이 무서운 상황은 여전히 달라지지 않고 있다.

03

채동욱
혼외아들 정보는
누가 털었나

채동욱 검찰총장 혼외자식 보도 사건

———

강성원

국가정보원 대선 개입
수사 위기에서 등장한
검찰총장 '혼외사식'
보도

정상적인 대북 심리전 활동을 했다(?)
《조선일보》는 처음부터 국정원 대선 개입 사건을 은폐했다
수사팀이 박근혜 정권을 겨냥하자 채동욱 검찰총장이 털렸다
청와대·국정원·《조선일보》 삼각편대는 정권이 원하던 그림이었다
보수 언론은 '부정 선거' 의혹을 '대선 불복' 프레임으로 잠재웠다

정상적인 대북 심리전 활동을 했다(?)

'대선여론 조작 목적이었겠나'

역사가는 한 시대에 대한 평가가 엇갈릴 때 그 경쟁적인 가설假說 중 어느 쪽이 사료史料와 부합하는지 검증하는 방식으로 역사적 진실에 접근해간다. 국정원 댓글 사건 역시 같은 방법으로 진상眞相에 다가설 수 있다.

국정원 김 씨가 댓글을 단 이유에 대한 가설 1은 '상부 지시에 따라 박근혜 새누리당 후보를 지원하기 위해서'라는 야당 주장이고, 가설 2는 '남측 사이버 공간에서 활동하는 북 요원을 감시·추적하기 위해서'라는 국정원 주장이다.

…… '가설 1'이 진실이라면 박근혜 후보를 지지하거나 문재인 후보를 비난하는 글이 많이 등장해야 하는데 김 씨는 박 후보, 문 후보 이름을 단 한

차례도 언급하지 않았다.

2013년 4월 국가정보원 대선 개입 의혹을 수사한 경찰은 국정원 직원 등 3명을 국정원법 위반 혐의로 검찰에 기소 의견으로 송치했다. 위의 글은 24일 당시 《조선일보》 김창균 부국장(현 편집국장)이 쓴 칼럼 〈대선여론 조작 목적이면 330위 사이트 골랐겠나〉 중 일부다.

그러나 이때만 해도 경찰이 국정원 직원들의 선거 개입 혐의를 인정하지 않은 것에 대한 비난의 목소리가 높았고, 검찰이 국정원의 정치 개입 의혹 사건을 본격적으로 수사하기 위한 특별수사팀을 막 구성했던 시점이었다. 충분히 증거·증인 조사가 이뤄지지 않았고 정치권과 언론 등에서는 국정원의 선거 개입 정황이 계속 쏟아져 나오고 있었다.

국정원 사건 축소·은폐 지시했다

더군다나 김용판 전 서울지방경찰청장이 국정원 수사 축소·은폐 혐의로 고발당하고 권은희 전 수서경찰서 수사과장(현 국민의당 국회의원)은 4월18일 경찰의 수사결과 발표 다음 날 김 전 청장 등이 국정원 사건 축소·은폐를 지시했다고 폭로하기도 했다.

이런 상황에서 김 국장은 '박근혜 후보를 지지하거나 문재인 후보를 비난하는 글이 단 한 건도 없었다'고 단정했다. 댓글 공작을 벌이다 발각된 국정원 여직원 김하영 씨가 주로 활동했던 인터넷 커뮤니

2013년 12월11일 서울 강남구 역삼동의 한 오피스텔에서
민주당 관계자와 중앙선관위·수서경찰서 직원들이 국가정보원 직원이
오피스텔에서 댓글 공작을 벌이고 있다는 신고를 받고 사실 확인을 위해 문을 열어줄 것을
요구하며 기다리고 있다. 당시 수서경찰서 수사과장이었던
권은희 국민의당 의원(오른쪽). ⓒ연합뉴스

티 〈오늘의유머〉는 종북從北 성향이라는 말을 들을 정도로 친야親野 색깔이 짙고 방문자 순위가 330위에 불과해 대선에 영향을 주지 못했을 것이라고도 했다.

그러나 이는 '정상적인 대북 심리전 활동을 했다'는 국정원의 주장을 뒷받침해주기 위한 섣부른 판단이었고, 결국 두 달도 안 돼《조선일보》가 단독으로 입수했다는 검찰 수사보고서로 쉽게 부정됐다.

《조선일보》는 처음부터 국정원 대선 개입 사건을 은폐했다

'공직선거법 위반 혐의 적용 글은 67개뿐이다'

《조선일보》는 6월 14일 서울중앙지검 특별수사팀(팀장 윤석열)이 대검찰청과 법무부에 제출한 '수사보고서'를 입수했다면서 "지난해 대선에서 선거와 정치 개입 혐의를 받고 있는 국정원 직원들이 인터넷 사이트에 작성한 댓글(게시글 포함)은 모두 1760여 개였고, 이 가운데 검찰이 원세훈 전 국정원장의 공직선거법 위반 혐의에 적용한 글은 67개인 것으로 밝혀졌다"고 보도했다.

그러면서 "문재인 당시 후보를 실명 거론하며 비판한 글이 3건이었고 민주당의 대북 정책 문제점 등을 지적한 글이 28건이었다"며 "이정희 당시 후보와 통합진보당을 비판한 글은 26건이었고 박근혜 당시 후보가 등장한 글은 3건이었다. 당시 대선에 나섰던 안철수 의원에게 불리한 글도 3건이 있었던 것으로 확인됐다"고 덧붙였다.

그러나 이마저도 사실과 달랐다. 검찰이 6월14일 발표한 최종 수사 결과에선 국정원 심리전단 요원들은 원 전 원장이 취임한 2009년 2월부터 18대 대선일 직전인 2012년 12월17일까지 〈오늘의유머〉, 〈다음 아고라〉 등 인터넷 사이트에 1977회에 걸쳐 특정 정당 또는 정치인들을 찬양하거나 반대, 비방하는 글을 작성한 것으로 드러났다. 이 중 대선 직전에 야당과 야당 후보를 비판한 글은 73건에 달했다.

《조선일보》, 중간 수사보고서로 사건 의미 축소

《조선일보》 기사는 곧바로 최종 수사 결과와 다른 중간 수사보고서를 바탕으로 사건의 의미를 축소했다는 비판을 받았다. 수사 결과 발표도 금요일에 이뤄졌는데 "주요 사건은 금요일에 발표하지 않는 게 관례"라고 법조 출입 기자들은 지적했다. 주말을 거치면서 이슈가 잦아들기 때문에 검찰이 주요 사건을 금요일에 발표한 것은 정권에 미칠 파장을 최소화하려는 의도가 있다는 것이다.

《한겨레》는 "설상가상으로 수사결과 발표가 예정된 14일 아침 《조선일보》가 '수사보고서' 내용을 보도했다"며 "대검 관계자는 '수사보고서 문건이 통째로 흘러나간 건 10년 안에 처음 있는 일'이라며 혀를 찼다. 국정원 사건 수사를 둘러싼 여러 잡음은 이번 수사를 탐탁지 않게 여기는 검찰 일부 세력의 은밀한 움직임이 있었음을 의심케 한다"

2012년 9월30일
채동욱 전 검찰총장이 서울 서초구 대검청사로 들어서고 있다.
채 전 총장은 이날 혼외자 아들 의혹으로 총장직을 사퇴했다. ⓒ연합뉴스

고 전했다.

앞서 원세훈 전 원장에게 국정원법과 함께 공직선거법 위반 혐의도 적용하겠다는 검찰의 방침에 황교안 전 법무부 장관이 반대하고 있다는 보도가 나왔다. 채동욱 당시 검찰총장은 수사보고서 유출에 격노하며 감찰본부장에게 특별감찰을 지시했다.

수사팀이 박근혜 정권을 겨냥하자 채동욱 검찰총장이 털렸다

채동욱 검찰총장에 대한 공격 본격화

황 전 장관의 반대에도 원 전 원장에게 공직선거법 위반 혐의를 적용케 한 채동욱 전 총장에 대한 공격이 본격적으로 시작된 것도 이때였다. 검찰이 6월11일 원 전 원장에게 공직선거법을 적용해 불구속기소한다는 결론을 내놨고 채동욱 총장도 "국정원 관련 의혹 사건 일체는 국민적 관심이 지대한 사건인 만큼 한 점 의혹이 없도록 신속하고 철저하게 수사하라"고 지시했다.

역시 선봉은 《조선일보》였다. 윤주헌 《조선일보》 사회부 기자는 〈기자수첩〉을 통해 채 전 총장의 특별감찰 지시에 대해 "검찰이 언론을 통제·견제하려 한다는 비판을 받을 수 있는데도 굳이 특별감찰을 하는 것은 그만큼 아픈 곳을 찔렸기 때문이 아니냐"고 지적했다.

원세훈 전 국정원장.

　윤 기자는 "일부 언론에는 선거법 적용에 반대 의견을 갖고 있던 **황교안 법무부장관이 선거법 적용을 막고 있다는 '외압설'**이 흘러나오기도 했다. 채 총장은 이 과정을 지켜보면서 어떤 감찰 지시를 내린 적이 없다"면서 "채 총장은 선거법 적용을 주장하는 같은 특수통인 윤석열 팀장 등 수사팀을 집으로 초대해가며 힘을 실어준 것으로 알려져 있다"고 채 총장과 검찰 특별수사팀을 몰아붙였다.

　청와대와 법무장관이 정권의 심기를 건드린 검찰총장과 검찰 특수팀을 가만둘 리 없었다. 채 전 총장은 그해 9월《조선일보》의 집요한 혼외아들 의혹 보도 논란 끝에 사퇴했다. 청와대 행정관과 국정원 정보관이 연루돼 채 전 총장의 혼외아들 개인정보가 털린 날은 공교롭게도 검찰이 원 전 원장에 선거법 적용 방침을 밝힌 6월 11일이었다.

'채동욱 총장은 내가 날린다'

조이제 전 서초구청 행정지원국장은 6월 11일 김아무개(58) 구청 오케이민원센터 팀장에게 전화해 채 전 총장 아들(12)의 가족관계등록부를 조회하도록 지시하고 그 결과를 송주원 국정원 정보관에게 전달했다. 조오영 전 청와대 행정관은 청와대 감찰과 검찰에서 채군 정보를 조 전 국장에게 요청했다고 자백해 2016년 1월 서울고법에서 벌금 700만 원의 유죄 판결을 받았다.

　재판부는 "(국정원 직원) 송 씨가 정보 수집 당시 있었던 관계기관 간 갈등에 비춰 보면 검찰로 하여금 국정원장의 대선 개입 사건과 관련해 공직선거법이 아닌 국정원법 위반만으로 기소하도록 압박을 할 방편의 하나로 첩보를 검증하려는 목적이 있었던 것으로 추론된다" 며 "이것은 (국정원의) 직무 범위와 관련할 때 정당한 것으로 볼 수 없다"고 밝혔다.

조 전 행정관은 청와대 '문고리 3인방' 중 하나로 꼽히는 이재만 총무비서관의 부하 직원이었다. 이 때문에 청와대 차원의 조직적 개입이 있었던 게 아니냐는 의혹이 제기됐지만 검찰은 끝내 '윗선'을 밝혀내지 못했다. 한편 신경민 민주당 의원은 2013년 10월 청와대 곽상도 전 민정수석이 서천호 국가정보원 제2차장에게 채 전 총장의 사생활 자료를 요청하고 강효상 전 《조선일보》 편집국장(현 자유한국당 의원)을 만나 '채동욱 총장은 내가 날린다'는 취지의 발언을 했다고 주장했다.

신 의원은 "곽 전 수석은 8월5일 경질되면서 이중희 민정비서관에게 (채 총장 자료를) 주고 떠났는데 8월 중순 (곽 전 수석이 채 총장의) 정보를 들고 강효상 편집국장을 만났다"며 "곽 전 수석과 강 편집국장은 (대구 대건고) 선후배 사이"라고 말했다. 그러나 곽 전 수석과 강 전 국장은 "전혀 사실무근"이라고 반박했다.

청와대·국정원·《조선일보》 삼각편대는 정권이 원하던 그림이었다

검찰 수사 방패막이였던 검찰총장 낙마

2013년 9월6일 무수한 논란을 낳았던 《조선일보》의 '채동욱 혼외자식' 보도로 결국 검찰의 국정원 대선개입 수사 방패막이였던 **검찰총장이 낙마했다.** 검찰 특수팀의 입지도 크게 위축될 수밖에 없었다. 급기야 원 전 원장 등에 대한 공판이 진행되던 10월18일 윤석열 수사팀장마저 업무에서 전격 배제됐다. 윤 팀장이 국정원 직원의 압수수색·체포영장 및 공소장변경 과정을 상부에 보고하지 않았다는 이유였다.

윤 팀장의 업무 배제는 검찰 수사가 정점으로 치닫고 있는 상황에서 수사를 이끌어온 지휘 라인을 중도 하차시키는 것이어서 채 전 총장에 이은 '제2의 찍어내기'라며 비판이 일었다. 윤 팀장은 사흘 뒤 국회 국정감사에서 "조영곤 서울중앙지검장 집으로 가서 보고했으나 조 지검장이 '야당 도와줄 일 있느냐'고 반대했다"고 폭로하면서 외압 사실을 밝혔다. 이후 윤 팀장은 정직 징계를 받고 대구고검 검사로 좌천됐다가 2016년 12월 '박근혜 게이트' 박영수 특별검사팀 수사팀장을 맡고 2017년 5월 서울중앙지검장으로 승진했다.

채동욱 전 총장과 윤석열 팀장의 국정원 대선개입 수사팀이 원세훈 전 원장을 선거법 위반으로 기소하면서 정권을 겨냥했던 '항명'은 6개월 만에 짓밟혔다. 채 전 총장과 윤 팀장이 '찍어내기'를 당하면서 검찰의 공소권 유지는 힘을 잃기 시작했다. 이 과정에서 《조선일보》가 청와대·국정원 등과 얼마나 밀접히 '공조'했는지는 여전히 밝혀야 할 의혹이다. 결과적으로 《조선일보》가 국정원을 수사하던 채 전 총장을 날렸고 1심 법원은 원 전 원장 측의 손을 들어줬다.

서울중앙지법 형사합의21부(부장판사 이범균)는 2014년 9월11일 국정원법 위반 혐의만 유죄로 인정하고 공직선거법 위반 혐의는 무죄로 판단해 원 전 원장에게 징역 2년6개월에 집행유예 4년, 자격정지 3년을 선고했다. 원 전 원장과 함께 기소된 김용판 전 서울경찰청장의 수사 축소·은폐 혐의도 무죄가 됐다. '부정 선거' 사태로 위기를 맞을 뻔한 박근혜 정권은 1차 방어전에서 완승했다.

보수 언론, '부정 선거'를 '대선 불복'으로

사건 초반부터 국정원 의혹을 희석해왔던 《조선일보》 등 보수 언론의 프레임은 박근혜 정권의 '부정 선거' 논란을 '대선 불복'으로 잠재울 명분을 제공했다.

《동아일보》는 국정원 대선 개입 사건 1심 판결 이후 〈'원세훈 대선 개입' 헛발질 기소로 나라 뒤흔든 검찰〉이라는 제목의 사설에서 "최고 정보기관 수장에 대한 검찰의 선거법 위반 기소는 대선 패배 세력에 선거 불복 움직임을 촉발시켜 정국의 혼란을 불러왔다"며 "새정치민주연합은 당 차원에서는 대선 불복과 거리를 뒀지만 문재인 의원 등 당내 친노 진영에선 '대선이 대단히 불공정하게 치러졌고 그 혜택을 박근혜 대통령이 받았다'는 주장이 공공연하게 제기됐다. 천주교 정의구현사제단 등은 대선 불복을 노골적으로 외치며 박 대통령의 퇴진까지 요구했다"고 비판했다.

그러나 1심 재판부는 국정원이 선거에 영향을 미치는 행위를 했다는 사실을 인정했다. 재판부는 판결문에서 "원 전 원장 등의 행위가 '선거 또는 선거 결과에 영향을 미치는 행위'에 해당할 여지가 있다고 하더라도 그 행위가 '선거운동'에 해당함을 인정하기에는 검사의 입증이 부족하다"고 판단해 공직선거법 위반은 증거 불충분으로 처벌할 수 없다고 봤을 뿐이다.

그런데도 《동아일보》는 "검찰이 무리한 기소로 나라를 뒤흔들었다는 비난을 면하기 어렵다"며 사안을 호도했다. 국정원의 선거 개입에 타당한 의혹을 제기하고 대통령 퇴진을 요구한 국민을 마치 불순한 '대선 불복' 세력인 것처럼 매도한 것이다.

《조선일보》도 "1심의 판단은 작년 한 해 동안 정치권은 물론 우리 사회 전체를 극심한 정쟁政爭으로 몰고 갔던 이른바 '국정원 대선 개입'이란 것이 실은 실체도 없는 것이었다"고 결론지었다. 아울러 "수사 검사들이 원 전 원장의 선거법 위반 혐의에 반대되는 정황에도 주목했다면 검찰 내 분란은 일어나지도 않았을 것"이라면서 당시 상황을 검찰 특수팀 책임으로 돌렸다.

보수 언론은 '부정 선거' 의혹을
'대선 불복' 프레임으로 잠재웠다

원세훈 국정원장 법정 구속

5개월 후인 2015년 2월9일 항소심 재판부(서울고법 형사6부, 부장판사 김상환)는 1심 판결을 뒤집고 원 전 원장 등의 공직선거법 위반 혐의까지 유죄로 인정, 징역 3년과 자격정지 3년을 선고하고 법정 구속했다.

《조선일보》는 항소심 판결 결과를 외면했고 《동아일보》는 이번엔 "정보기관이 대선에 개입하는 행위는 심각한 국기문란 행위"라고 유체이탈 화법을 보였다. "국정원은 2심 판결을 무겁게 받아들여 대북 정보활동 등 본연의 임무에 충실하고 국내 정치와는 완벽하게 절연하는 계기로 삼아야 할 것"이라고도 당부했다.

5개월 뒤 7월16일 대법원이 원 전 원장의 공직선거법 위반 혐의에 대해 유죄를 선고한 2심을 깨고 사건을 서울고법으로 다시 돌려보냈을 때 《동아일보》는 뭐라고 했을까. 마침 원 전 원장 재임 때인 2012년 1월과 7월 국정원이 총선과 대선을 앞두고 이탈리아 소프트웨어 업체인 '해킹팀'에서 휴대전화 해킹이 가능한 프로그램을 구입해 선거 때 사찰용으로 사용했다는 의혹이 불거지자 《동아일보》는 "원 전 원장이 국정원 직원들에게 대통령과 여당을 지지하는 인터넷 댓글을 달게 하는 등 정치 개입을 한 것만으로도 엄중한 비판을 받아야 한다"고 나무랐다.

국정원 대선 개입 진상 규명, 현재 진행형이다

2012년 12월11일, 18대 대선을 일주일 남짓 앞두고 불거진 국정원 댓글 공작 사건은 '검찰이 무리하게 기소해 나라를 뒤흔든 일'이 아니라 '국가기관의 국기문란 행위'였음을 보수 언론도 인정하는 상황이 됐지만 국정원은 전혀 바뀌지 않았다.

최근 국정원이 '알파팀'이라는 이름의 민간 여론 조작 조직을 운영한 정황이 드러났음에도 국정원은 "해당 의혹은 모두 사실무근"이라고 주장하고 있다. 2017년 3월 대통령직에서 파면당한 박근혜 씨는 국정원 대선 개입 부정 때문이 아니라 비선 실세들의 국정농단 게이트 때문에 물러나 구속됐다.

국정원이 증거를 인멸하기 전에 검찰이 철저히 수사하고 언론이 파헤쳤다면 국민은 불행한 3년의 세월을 연장하지 않았을지도 모른다. 여전히 국정원 개입 의혹 미스터리가 풀리지 않은 상황에서 세월호 참사 진상 규명 또한 현재 진행형이다. 국정원 대선 개입과 세월호의 진실이 드러나지 못하도록 방해한 언론의 '프레임'은 아직 깨지지 않았다. 그리고 지금 이 순간에도 언론은 국민의 관심을 그들이 만든 세계 안에 가두려는 거짓의 프레임을 짜고 있다.

04
무상급식 전쟁, 오세훈은 왜 패했나

무상급식 복지 논쟁

정민경

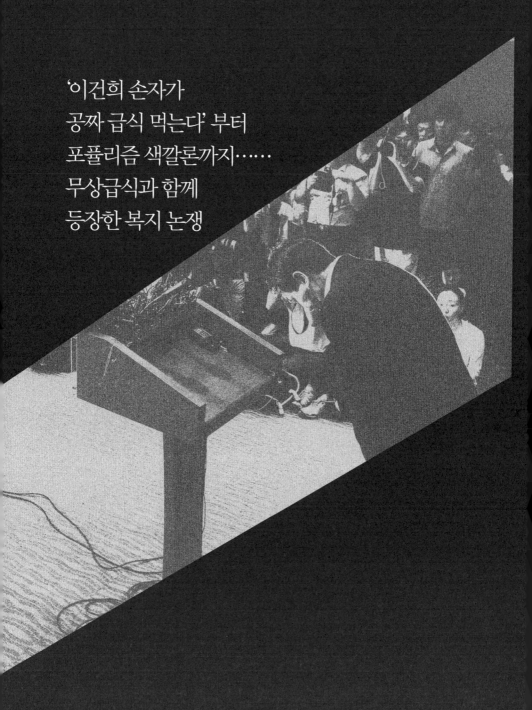

'이건희 손자가
공짜 급식 먹는다' 부터
포퓰리즘 색깔론까지……
무상급식과 함께
등장한 복지 논쟁

포퓰리즘이 나라 ㅈ

포퓰

지탱할 수 없다

'무상급식'의 전면 등장
무상급식에 대한 언론의 주요 논쟁점들
결국, 또 '빨갱이 콤플렉스'
한국 특유의 '색깔론' 동원했지만 보수의 패배로 끝났다

'공짜 공화국'

급식을 둘러싸고 서울시와 시의회의 마찰
규모의 서울시 예산안이 처음으로 법정
처리되지 못했다. 서울시는 교육 관련
실환경 개선이나 방과후 학교 지원을 맡
이다. 민주당이 다수인 시의회는 학생들
해 무조건 전면 무상급식부터 해야 한다
고 있다. 대전과 울산도 시와 교육청, 시의
로 예산안 통과에 어려움을 겪고 있다.
은 무상급식을 합의했지만 16개 시군 가
등 7개 시군에선 예산 부담이 크다며 반
6·2지방선거에서 좌파 교육감들이 내세운
이다. 지금도 소외된 계층의 학생들에게는
민주당 공약은 부잣집 아이들까지 공짜로
학교에서 거저 점심을 준다고 하니까 중산

'공화국'은 오래 지탱할 수 없다

'무상급식'의 전면 등장

사회적 약자의 도덕적 해이(?)를 이용하라

"흑인 여성이 가짜 신원을 수십 개 만들어 복지 혜택을 받고, 캐딜락을 몰고 다닌다." 1976년 미국 공화당 대선 경선에서 로널드 레이건은 가짜 '복지 여왕' 스토리를 만들었다. 캐딜락을 몰고 다니는 흑인 여성은 허구의 인물이었지만 이 프레임은 곧 레이건 정부의 감세 공약에 대한 지지로 이어졌고 레이건은 4년 후 재선 대통령이 됐다. '흑인', '여성'이라는 사회적 약자가 오히려 이를 이용해 도덕적 해이를 저지를 때 대중의 혐오가 커지는 감정을 이용해 만든 프레임이었다.

미국의 경우 감세 논의로 복지에 대한 사회적 토론이 시작됐다면 한국의 경우는 2009년부터 시작된 '무상급식' 논의로 복지 논쟁이 시작됐다. 또한 미국과는 다르게 '소수자를 이용한 프레임'이 아닌 한국 특유의 '색깔론'으로 프레임을 만들었다. 언론은 '무상급식=포퓰리즘=사회주의'라는 공식을 사용했고, 사회주의와 엮인 포퓰리즘은 그 자체로 부정적 개념으로 변질됐다.

무상급식 국면 동안의 프레임 전쟁이 한국 언론의 프레임 전쟁사 중 특이한 사례로 남는 이유는 막강한 '색깔론' 프레임까지 동원됐음에도 보수 정치권과 보수 언론이 패배한 싸움이었기 때문이다. 경제 위기 이후 늘어난 복지 수요와 지방선거 국면이라는 특별한 사회적 맥락을 읽지 못한 것이 패배의 이유였다.

'이건희 손자가 공짜로 밥먹는다'던 프레임

한국에서 복지 논쟁이 불붙은 것은 2009년 경기도 교육감 선거에서 김상곤 후보가 무상급식을 공약으로 내세우기 시작하면서부터다. 가장 논쟁이 뜨거웠던 시기는 2010년 6·2 지방선거 한나라당 서울시장 경선과 2011년 8월 무상급식에 반대하는 오세훈 전 서울시장의 주민투표 무산 사태 때다.

논쟁이 가장 치열했던 2010년 2월25일부터 2011년 2월25일 1년간 사설과 칼럼 등을 포함해《조선일보》는 150건, 《동아일보》89건, 《경향신문》105건, 《한겨레》는 110건의 무상급식 관련 기사를 작성했다.

《조선일보》와 《동아일보》에 무상급식과 관련해 자주 나타난 단어는 '공짜', '포퓰리즘', '도덕적 해이'였다. 반면 《한겨레》와 《경향신문》에서는 '권리', '인권', '사람답게', '삶의 질' 등의 단어가 자주 등장했다. 각 신문들이 지향하는 가치관에 따라 보도 방향이 다른 것을 확인할 수 있다.

2011년 8월24일
'무상급식 지원 범위에 관한 서울특별시 주민투표'는 25.7퍼센트의 최종투표율로
주민투표 성립 조건인 33.3퍼센트를 넘기지 못했고
오세훈 시장은 자진 사퇴했다. ⓒ연합뉴스

무상급식에 대한 언론의 주요 논쟁점들

도덕적 해이론, 재원론, 포퓰리즘 프레임

무상급식에 대한 언론의 주요 논쟁점들을 정리하면 △도덕적 해이론(역효과론), △재원론, △포퓰리즘 프레임(색깔론)으로 나눌 수 있다. 도덕적 해이론이나 재원론은 그 유명한 "이건희 손자까지 무상급식한다"는 식의 보도들로 대표된다. 당시 오세훈 서울시장과 이명박 대통령까지 무상급식에 대해 "이건희 손자 밥을 왜 줘야 하냐"는 논리를 펼쳤다.

보수 언론은 이런 정치인들의 발언과 함께 "무상급식 등 선심성 복지 정책은 세금 폭탄으로 되돌아와 나라를 망칠 것"(《조선일보》 2011년 2월 1일), "과잉복지는 종국에는 국부를 갉아먹고 국민의 삶의 질 떨어뜨릴 것"(《동아일보》 2011년 1월 15일) 등의 보도에서 확인할 수 있는 것처럼 '무상급식'을 하면 과잉복지가 돼 나라 재원이 사라지고 역효과가 날 것이라는 주장을 펼쳤다. 직접적으로 "무상급식을 하면 나라가 망한다"고 쓴 것이다. 여기에 더해 유럽의 재정위기를 과잉복지와 연결시키는 기획기사를 쓰는 등 교묘하게 '망국적 포퓰리즘'을 성토하기도 했다.

물론 과도한 복지가 도덕적 해이를 낳은 영국의 구빈법 같은 사례가 없는 것은 아니지만 이들이 내세운 '망국적', '파탄'과 같은 논리는 지나쳤다. 《정치의 몰락》의 저자 박성민 작가는 "걸핏하면 나라가 망한다는 보도들은 너무 선동적"이라며 "그들이 정말로 나라 재정을 걱정한다면 토건사업처럼 진짜 재정에 부담을 주는 사업에 대해서도 엄정한 비판을 했었는지 되돌아봐야 한다"고 지적했다.

보수 언론, '포퓰리즘'을 부정적 단어로 만들다

도덕적 해이론과 재원론 외에 《조선일보》와 《동아일보》가 자주, 오래 사용했던 프레임은 '포퓰리즘'이다. 이들은 무상급식을 '포퓰리즘'으로 연결시켰고 포퓰리즘을 부정적인 것으로 보이게 하는 프레임을 사용했다. 〈무상급식, 국민의 기본권인가 망국적 포퓰리즘인가?〉(《조선일보》 2011년 2월10일), 〈포퓰리즘 폐해, 다수 국민이 알아듣게 설명하라〉(《동아일보》 2010년 3월24일) 등 기사 제목에 포퓰리즘과 함께 부정적 단어를 사용하는 방법이 대표적이다.

'포퓰리즘'은 긍정적인 평가와 부정적인 평가 모두가 나올 수 있는 개념이지만 보수 언론은 포퓰리즘 자체를 부정적으로 보도했다. 특히 《동아일보》는 "포퓰리즘 공약이 국가의 영혼을 좀먹는 위험한 정치행위라는 것을 부정하는 정치집단은 없다"(3월24일), "입만 열면 점심밥 타령이다. 나라야 어떻게 되든 표만 얻으면 된다고 생각하는 정치꾼들의 다음 레퍼토리는 무상의료, 무상주거가 될 공산이 크다"(2010년 12월18일)와 같이 비슷한 내용의 칼럼들을 쏟아냈다.

'무상급식=포퓰리즘=사회주의'?

포퓰리즘 프레임의 문제는 모든 프레임의 효과가 그렇듯 합리적인 토론을 배제시킨다는 점에 있다. 즉 포퓰리즘이라는 개념 자체를 부정

《동아일보》
2010년 12월 18일 사설.

東亞日報

'공짜 공화국'은 오래 지탱할 수 없다

전면 무상급식을 둘러싸고 서울시와 시의회의 마찰 때문에 21조6000억 원 규모의 서울시 예산안이 처음으로 법정 기한인 17일 0시까지 처리되지 못했다. 서울시는 교육 관련 예산으로 비가 새는 교실환경 개선이나 방과후 학교 지원을 먼저 해야 한다는 생각이다. 민주당이 다수인 시의회는 학생들의 '위화감 해소'를 위해 무조건 전면 무상급식부터 해야 한다는 주장을 굽히지 않고 있다. 대전과 울산도 시와 교육청, 시와 시의회 간의 대립으로 예산안 통과에 어려움을 겪고 있다. 충남도와 충남도교육청은 무상급식을 합의했지만 16개 시군 가운데 천안시 공주시 등 7개 시군에선 예산 부담이 크다며 반발한다.

무상급식은 6·2지방선거에서 좌파 교육감들이 내세운 대표적인 포퓰리즘 공약이다. 지금도 소외된 계층의 학생들에게는 무상급식을 하고 있다. 민주당 공약은 부잣집 아이들까지 공짜로 점심을 주자는 것이다. 학교에서 거저 점심을 준다고 하니까 중산층 이상 가정도 마다할 리 없다. 그래서 민주당은 전면 무상급식 공약으로 지방선거에서 재미를 보았다. 하지만 한정된 예산을 부잣집 아이들 점심값에 쓰고 나면 가난한 아이들에게 도움을 줄 교육예산이 줄어든다. 서민의 정당을 자임하는 민주당이 오히려 서민에게 해를 끼치는 셈이다. '생산적 복지' 연구로 박사학위를 받은 김성순 민주당 의원은 "무상급식 공약은 선거만을 겨냥한 전형적인 포퓰리즘 정책"이라고 비판한 바 있다. 오세훈 서울시장은 "복지의 탈을 쓴 망국적 포퓰리즘을 거부한다"며 고군분투하고 있다.

좌파진영은 어려운 계층의 자녀가 월 5만 원의 급식비를 지원받느라 가난을 증명하는 과정에서 모멸감을 느끼는 것을 막아야 한다고 주장한다. 그렇다면 증명 과정에서 모멸감을 주지 않는 제도적 개선책을 마련하면 될 일이다.

1인당 국내총생산(GDP) 2만 달러를 넘어선 나라에서 교육의 본질에 관한 논의는 사라지고 입만 열면 점심밥 타령이다. 나라야 어떻게 되든 표만 얻으면 된다고 생각하는 정치꾼들의 다음 레퍼토리는 무상의료, 무상주거가 될 공산이 크다. 그러나 이런 공짜 포퓰리즘은 국민의 생산의욕을 떨어뜨리고 사회적 모럴 해저드(도덕적 해이)를 확산시키며 국가재정을 파탄낼 우려가 있다. '공짜 공화국'은 결코 오래 지탱할 수 없다. 대한민국이 이런 나라가 돼야 하는가.

적인 것과 연결시켜 합리적 토론이 진행되지 못하게 만드는 것이다. 또한 무상급식 이후 상상 가능한 복지 정책을 억압하는 효과도 있었다.《동아일보》칼럼이 그랬던 것처럼, 무상급식 이후 무상의료, 무상주거의 논의까지 확장되지 못하게 하는 효과를 노린다.

　　보수 언론이 포퓰리즘을 부정적으로 묘사한 것은 김대중－노무현 정부의 출범부터다. 이들은 김대중－노무현 정부의 사회 경제적 불평등 완화를 위한 정책을 '포퓰리즘'이라며 비판했다. 이때 이들이 말하는 '포퓰리즘'은 1940년대 등장했던 아르헨티나의 페론 정부 등 라틴아메리카 국가들의 포퓰리즘으로 라틴아메리카 정권의 경제적 실정을 떠오르게 하고, 곧 '무상급식=포퓰리즘=사회주의'를 떠올리게 만들었다.

결국, 또 '빨갱이 콤플렉스'

'포퓰리즘'의 긍정적 측면

보수 언론은 〈'무상복지' 이론적 바탕은 좌파 복지국가론〉(《조선일보》 2011년 1월27일), 〈전체의 복지를…어떤 면에서 공산주의 체제〉(《동아일보》 2010년 6월11일)와 같이 전통적인 보수 담론인 색깔론에서 무상복지 자체를 공산주의로 환원했다.

　　반면 《한겨레》와 《경향신문》은 이러한 색깔론을 반박하는 기사를 냈다. 〈무상급식은 진보와 보수 이분법을 넘어서야〉(《한겨레》 2011년 1

《조선일보》
2010년 4월6일 칼럼.

포퓰리즘이 나라 거덜낸다

윤 영 신
경제부장

"
日의 '잃어버린 10년'
순식간에 재정 파탄
선심정책 남무하는
한국도
재정 무너지면 끝장
"

미(美) 월가서 리먼브러더스, 씨티그룹, 도요타 같은 '신화'의 침몰은 순식간이었다. 그래서 얼마 전 경영에 복귀하면서 "10년 안에 삼성을 대표하는 사업과 제품은 대부분 사라질 것"이라 했던 이건희 삼성 회장의 경고가 심상치 않게 들린다. 지금의 삼성이 10년 안에 사라진다는 것은, 13위급 한국경제가 10년 안에 30위권, 50위권 밖으로 밀려 세계의 관심국에서 멀어진다는 것과 같은 얘기다.

글로벌 금융위기 이후 한국경제가 버텨온 것은 수십조원을 쏟아부은 재정(財政) 덕분이었다. 하지만 지금 정치권과 정부가 하는 일을 보면 이 회장이 말한 10년은 오히려 길어 보인다.

가장 걱정되는 것은 한국의 국가 재정(財政)이다. 꼭 1990년대 일본 정부가 거지른 '재정 파탄'의 전철(前轍)을 그대로 밟는 모습이다.

일본도 한때는 재정이 튼튼한 나라였다. 1990년말 GDP(국내총생산) 대비 국가채무 비율이 38%에 불과했다. 우리 정부가 그토록 자랑하는 우리나라 재무 상태(지난해 36%)와 비슷했다.

하지만 부자(富者) 나라 일본의 정부 곳간은 너무 쉽게 허물어졌다. 연고(緣故) 따라 분류를 겪자 나라 곳간의 자물쇠부터 열었다. 곳간을 한번 열자 자꾸 열게 되고 그러다 보니 순식간에 빚이 불어났다. 지금 일본의 GDP 대비 국채 비율은 OECD국가들 중 최악인 수준인 220%에 달한다. 정치권과 정부가 구조조정 등을 통한 민간경제의 자생력을 키우기보다는, 재정을 살포하

는 손쉬운 선심정책에 의존하다 빚쟁이 나라로 전락했다.

줄기차게 쏟아부은 재정은 고도(高度) 교외와 나라(후라)를 콘크리트로 정글로 만들고, 해변까지 콘크리트 구조물로 포위시켰다. 산등성이를 톱내개 야산에 도로를 만들고 1000m급 강도, 강바닥까지 댐을 만들었다. 지방 공무원들은 중앙 정부에서 내려보낸 예산으로 '돈 잔치'를 벌이며 부패의 악순환을 통과한다. 앞으로 일본은 '잃어버린 10년' 동안 국토에 쌓아놓은 콘크리트를 다시 부수고 자연을 원상회복시키는 데 또 엄청난 재정을 써야 할 판이다.

일본의 심폐한 재정정책을 보면 한국 재정의 미래가 보인다. 우리 경제는 김영삼 정부 이후 IMF환란, 儿MF환란, 카드대란 같은 경제위기의 파고를 재정의 힘으로 넘겨왔다. 이번 금융위기에서도 국민세금을 쏟아부어 다른 나라보다 좋은 경제 성적표를 만들었다. 하지만 우리도 이미 김대중 정부 때부터 나라 곳간이 헐리기 시작했고, 나랏돈을 뿌리는 것이 서민들에게 가장 인기 있고 당장 경기를 파탄시키기 쉽기 때문이다.

재정은 한번 헐어 내기 시작하면 곶감 빼먹듯 급격히 되는 속성을 갖고 있다. 한번 열리면 다시 걸어 잠그기 어렵다. '재정의 단절'을 경험한 정권과 정부 관료들은 웬만한 문제는 재정으로 해결하려는 모럴 해저드에 빠진다. 한때 잘나갔던 아르헨티나가 허망하게 무너진 것도 권력자들의 재정 중독증(中毒症) 때문이었다.

우리나라도 여러 정권에 걸쳐 재정 중독증에서 헤어나지 못하고 있다. 경기가 좀 나빠지고 정권 지지도가 떨어지면 북한발 추경이나 재정확대니 하면서 적자(赤字)국채를 발행하고 세금을 쏟아붓는다. 지난 100년간 사이 우리도 일본처럼 지방 곳곳에 콘크리트 부상이 커졌고, 차를 구경하기 힘든 텅 빈 아스팔트 도로들이 산골짜기를 정령하고, 지방정부의 남비벽은 극에 달하고 있다.

세종시, 혁신도시, 무상급식, 원칙 없는 각종 세금감면, 공기업을 이용한 무리한 국책사업 진행…, 아아 할 것 없이 포퓰리즘에 빠져 나랏돈을 쓰는 데만 골몰해 있다. 우리나라는 지금 세계에서 가장 빨리 늘어가는 나라여서 미래가 불투명한데도 나랏빚이 느는 속도가 현기증 날 정도다.

일본경제가 예전 같지 않다 해도 여전히 세계 2위 선진국이다. 각종 제도와 원천기술, 인적 자원, 사회적 자본, 국민의식은 세계 수준급이고, 탄탄한 중견기업들이 허리를 받쳐주고 있다.

하지만 우리는 다르다. 몇몇 대기업을 빼고 나면 중견기업층이 텅 비어 있는 취약한 경제구조에 가계채채는 눈덩이처럼 불어나고, 부동산 버블은 계속 커지고 있다. 선진국 문턱에도 가보지 못한 경제, 초스피드로 고령화하는 국가의 재정이 무너지면 그대로 회복 불능 상태에 빠질 수 있다. 10년간 재정 쏟아낸가에 브레이크를 걸지 않으면 나라가 거덜날 수 있는 충분한 시간이다.

yayoon@chosun.com

월19일), 〈무상은 곧 사회주의라는 도식은 극단적인 소유적 개인주의〉
(《경향신문》2010년 4월1일)와 같은 기사가 대표적이다.

포퓰리즘은 다양한 철학자들이 의회주의의 보완책으로 평가하기도
했던 개념으로 사회주의국가가 시도한 포퓰리즘만 있는 것도 아니다.
아르헨티나 정치학자 라클라우는 포퓰리즘을 "노동자 계급의 정치적
헤게모니를 획득하기 위한 투쟁", 독일 철학자 루머는 "인민의 소망
과 의지에 따라 행동하려는 시도", 프랑스 이론가 브누아는 "의회민
주주의를 통해 변질된 민주주의를 다시 인민에게 되돌려주려는 시
도"라고 정의한다. 포퓰리즘은 관점에 따라 엘리트 의회주의로만 돌
아가는 정치에 대중의 목소리를 담을 수 있는 긍정적 요소인 셈이다.

하지만 이미 보수 언론의 프레임으로 인해 '포퓰리즘'은 부정적 단어
로 인식돼버린 측면이 있다. 만약 언론이 더욱 명확하게 개념을 설명
하려면 '포퓰리즘'이라는 단어를 '인민주의'와 '대중영합주의'로 나눠
서 설명했어야 한다. '인민주의'는 포퓰리즘의 긍정적 측면을 부각시
키는 개념으로 대의제 민주주의 제도가 제기능을 하지 못할 때 대중의
직접적인 의견을 반영할 수 있는 제도를 말한다. 반면 대중영합주의는
선동으로 인해 불합리한 병폐가 생길 수 있는 위험을 포함한다.

'빨갱이 콤플렉스'의 반복

'위로부터의 포퓰리즘'과 '아래로부터의 포퓰리즘'을 구분하는 방법
도 있다. 위로부터의 권력의 통치수단으로서 포퓰리즘과 대중의 자발

성에 의한 아래로부터의 포퓰리즘을 구분하는 것이다. 이렇게 구분한다면 무상급식 논리는 경제 위기 이후 급격하게 늘어난 복지 수요가 만들어낸 '아래로부터의 포퓰리즘'이라고 볼 수 있다. 하지만 보수 언론은 이런 맥락을 설명하기보다는 "표를 얻기 위해 무상으로 급식을 준다"는 식의 논리만 반복했다.

언론이 '포퓰리즘'을 부정적 개념으로 인식하게 만든 것은 한국 언론이 수십 년 동안 반복했던 '반공주의' 프레임을 복지 논의에 그대로 적용한 결과였다. 결국, 또 '빨갱이 콤플렉스'의 반복이다. 미국의 복지 논쟁이 보수층이 만든 '소수자 혐오를 이용한 프레임' 중심으로 돌아갔다면 한국의 경우는 한국 특유의 '색깔론' 프레임으로 진행된 셈이다.

한국 특유의 '색깔론' 동원했지만 보수의 패배로 끝나다

'색깔론', 왜 실패했나

'빨갱이 콤플렉스'까지 끌고 왔지만 무상급식 프레임의 케이스는 아주 희귀하게도 보수 언론이 프레임 전쟁에서 실패한 사례다. 보수 진영이 색깔론을 동원한 프레임 전쟁에서 실패한 가장 큰 이유는 역시 경제위기 이후 소득불평등이 격화되면서 복지 이슈가 사회의 지배적인 문제로 떠올랐고 복지에 대한 요구가 늘어났기 때문이다.

사회적 요구를 읽지 않고 철지난 색깔론으로 밀어붙인 보수 진영의 **전략도 패배의 이유다.** 무상급식 국면에서 보수 언론뿐 아니라 보수 진영 정치인들도 무상급식 이슈를 색깔론으로 이용한 것은 마찬가지였다. 단적으로 김문수 경기지사는 "무상급식은 저급한 포퓰리즘"이라며 "사회주의적 발상"이라는 발언을 반복해왔다. 당시 한나라당 일부 의원들도 같은 논리를 펼쳤다. 이는 자신의 특별한 이력 때문에 보수적 색채를 일부러 강조하는 김문수 지사 특유의 성격과 결국 색깔론이 자신들에게 유리할 것이라고 판단한 한나라당의 정치적 전략이었다.

그렇다면 왜 지금껏 효력을 발휘했던 '색깔론' 프레임이 무상급식 국면에서는 실패한 것일까. 김대호 사회디자인연구소소장은 무상급식 대전에서 보수 진영이 패배한 이유에 대해 △대규모 부자 감세와 4대강 사업으로 대표되는 과도한 건설 예산에 대한 비판적 여론이 들끓었던 사회적 배경 △복지에 대한 보수의 설득력 없는 거친 이념 시비 △복지 확대를 경쟁적으로 약속할 수밖에 없는 지방선거 국면이었던 점을 꼽는다.

경제위기 이후 실질적으로 급식비를 내지 못하는 학생들이 늘어난 것도 무상급식에 대한 긍정적 여론을 모으는 데 한몫했다. 저소득층 초등학교 결식아동에 대한 무상급식은 1989년부터 시작됐는데 1997년 IMF 외환위기 이후 빈곤아동 중 중식 지원 대상은 계속해서 증가했다. 학교급식비 미납학생 현황을 보면 2006년 1만7351명에서 2007년 2만3507명으로, 2008년 17만2011명으로 급격하게 늘었다.

김문수 전 경기지사. 2010년 5월17일 당시 김문수 경기지사 후보는
MBC 〈손석희의 시선집중〉에 출연, "교육비를 다 깎아서 부자 아이들까지,
이건희(삼성 회장) 손자까지 다 무상으로 밥을 먹이자는 것은 조금 과한 이야기가 아니냐'며
무상급식 전면화에 대한 반대 의견을 분명히 했다. ⓒ포커스뉴스

'무상급식' 문제로 오세훈 서울시장 자진 사퇴

2006년 집단식중독 사건과 2008년 이명박 정부로 정권교체 이후 친환경 무상급식이 화두가 되면서 '무상급식' 논의가 교육감의 주요 공약으로 떠오르게 된다. 물론 김상곤 교육감 후보 이전에 한국에서 '무상급식'을 주장하는 사례가 없었던 것은 아니다. ICOOP 협동조합연구소의 자료에 따르면 2003년 '학교급식법개정과 조례제정을 위한 국민운동본부'가 무상급식을 주장했지만 당시 민주노동당 외에 찬성하는 세력이 없었다. 노무현 대통령의 열린우리당도 보편적 복지에 찬성하지 않았다. 정치권에서는 싸늘했지만 무상급식 논의는 이미 2003년 주민발의에 참여한 이의 숫자가 100만에 이르렀을 정도로 '아래로부터'의 요구가 거센 사안이었다.

한나라당 진영은 '선별적' 무상급식을 선호했지만 한나라당 내에서도 무상급식을 찬성한 이들이 있었다. 2010년 6·2 지방선거 한나라당 서울시장 경선에서 원희룡 의원은 전면무상급식 공약을 발표했고, 박종근, 남경필 의원도 무상급식을 의무교육의 일환으로 봐야 한다고 주장했다. 정부와 여당도 2010년 3월16일 무상급식을 점진적으로 늘리겠다고 발표했다.

하지만 이후 오세훈 서울시장이 당선되면서 한나라당은 무상급식 반대 기조로 돌아섰다. 당시 교육감은 진보적 성향인 곽노현이었고 서울시의회는 민주당이 3분의 2를 차지했다. 2010년 야당은 '무상급식조례안'을 서울시의회에서 통과시켰고 오세훈 시장은 이를 거부하며 시의회에 출석하지 않았다. 이후 보수 진영의 '복지 포퓰리즘 추방 국민운동본부'라는 단체가 전면 무상급식 반대 주민투표를 실시할 것을 요구했고 오세훈 시장은 이와 뜻을 같이했다.

2011년 8월24일 '무상급식 지원 범위에 관한 서울특별시 주민투표'는 25.7퍼센트의 최종투표율로 주민투표 성립 조건인 33.3퍼센트를 넘기지 못했고 오세훈 시장은 자진 사퇴했다. 박원순 서울시장 후보는 친환경 무상급식 추진을 공약으로 발표했고, 2011년 11월 무상급식은 모든 초등학생을 대상으로 실시되기 시작했다.

'무상급식' 논쟁, '색깔론'이
철지난 프레임임을 증명해준 사례

'무상급식' 논쟁 국면에선 정치이념보다 자신의 삶에서 실제적으로 이득을 얻을 수 있는 복지 이익을 선택한 이들이 많았던 것으로 볼 수 있다. 〈한나라당의 '좌파 포퓰리즘' 공세는 낡은 색깔론에 불과…지금 우리 사회에서 복지는 이념을 넘어서 당장의 삶의 문제〉(《한겨레》 2011년 1월15일)와 같은 기사가 설득력을 얻는 이유다.

나아가 이 사건은 이제 '색깔론'이라는 프레임이 철지난 프레임이라는 것을 증명해준 사례로 남을 것이다. 색깔론에는 자주 '철지난'이라는 형용사가 붙었으나 한국 특유의 정치 지형에서 지속적으로 힘을 발휘해온 것이 사실이다. 그러나 무상급식 국면은 언론의 색깔론 프레임을 넘어 실질적으로 제도와 정책을 바꾼 흔치 않은 사례다.

급식을 먹고 있는 학생들. ⓒ연합뉴스

미국 철학자 토마스 쿤은 "중요한 정책 변동이 이루어지는 것은 패러다임 시프트Paradigm shift가 이루어질 때"라고 말했다. 2011년부터 시작된 '전면 무상급식'이라는 제도 변화는 한국에서 지지부진하게 이어졌던 '반공주의', '빨갱이 콤플렉스'가 차츰 옅어지고 있다는 증거일지도 모른다.

05

"삼성을 그만두겠소? 방송을 그만두겠소?"

YH무역 여성 노동자 투쟁

이하늬

YH무역 여성 노동자 투쟁,
언론탄압 박정희의
최후를 예고하다

深夜의 기습

高銀씨 등 立件

警察 농성女工 강제해산

YH 사건과 언론의 침묵
울부짖는 여성 노동자를 담다
재떨이가 떨어지고 … 피투성이가 됐다
프레임은 그대로 작동한다

YH 사건과 언론의 침묵

"YH 사건이 뭐라고 뉴스 시간마다 내나?"

1979년 8월12일 밤, 홍두표 TBC 전무에게 전갈이 도착한다. 보낸 이는 김성진 문화공보부 장관. "내일 아침 8시까지 홍진기 TBC 회장을 모시고 장관실로 오라." 다음날 김 장관은 홍 전무를 비서실에 대기시킨 채 홍 회장과 30분간 면담했다. 이 자리에서 김 장관은 홍 회장에게 이렇게 말했다고 한다. "삼성을 그만두겠소? 방송을 그만두겠소?"

　언론계에 떠돈 이야기에 따르면 김 장관과 면담을 마친 홍 회장은 문화공보부에서 서소문 중앙매스컴까지 가는 차 안에서 진정제를 복용했다고 한다. 홍 회장이 홍 전무에게 "당분간 피해 있게"라고 말했다는 이야기도 나돌았다. 홍 회장은 회사로 돌아온 직후 TV와 라디오 총책임자인 홍 전무의 보직을 해임했다.

　여기서 그치지 않았다. 보도국 국장 직무대행을 하던 강용식 부국장의 보직도 해임됐고 그 뒤 10월9일 박광춘 사회부 차장은 편집부

경찰이 마포 신민당사에 난입 농성 중이던
YH 여공들을 해산시키며 파괴한 집기들과 당사 내부. ⓒ연합뉴스

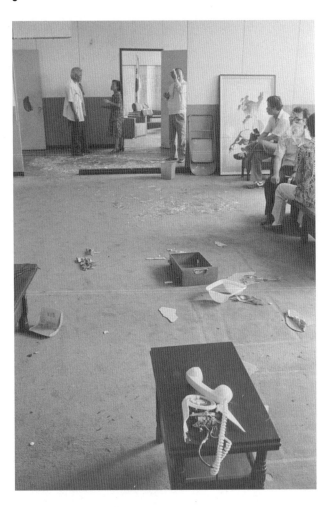

로, 국회 취재반장이었던 이민희 기자는 중앙청과 외무부 출입기자
로, 신민당 취재팀장이었던 노재성 기자는 농림수산부 담당 기자로
각각 전출 발령됐다.

　김 장관이 홍 전무에게 전갈을 보내기 직전, 박정희 대통령이 김 장관
을 호출했다. "이병철 (삼성) 회장이 국가를 위해 도움이 될 것이라고 해
서 신문, 방송을 허가해줬더니 YH 사건이 뭐라고 뉴스 시간마다 내나?
방송 문 닫으라고 해. 신문도 그만두라고 해." 박 대통령의 지시부터 방
송 책임자들의 보직 해임까지 걸린 시간은 채 하루도 되지 않았다.

"이병철 회장이 국가를 위해
도움이 될 것이라고 해 허가해줬더니…"

문제가 된 보도는 단 두 건에 불과했다. 8월 12일 오후 5시 20분, TBC
뉴스는 경찰에게 진압당한 신민당사 안팎의 모습을 1분 20초 길이로
보도했다. 신민당사 2층에 위치한 총재실에는 깨진 유리조각이 흩어
져 있었고 전화기는 부서져 있었다. 문짝은 떨어져나갔고 농성 중인
국회의원들은 허탈감에 빠진 표정이었다.

　당시 현장을 취재했던 이민희 TBC 기자에 따르면 신민당 4층 강당
에서는 국회의원들이 머리에 띠를 두르고 앉아 있었다. 연단에는 "박
정희 정권은 단말마적인 발악을 중단하라"는 플래카드가 걸렸다. 신
민당사 건물 바깥벽에는 YH무역 노동자 김경숙 씨의 죽음을 애도하
는 뜻으로 태극기에 검은 리본을 맨 조기가 매달렸다.

YH 여성 노동자들.
ⓒ다큐멘터리 〈꽃다운〉

뉴스가 나가자마자 중앙정보부는 TBC에 전화를 걸어 "다시 내지 말라"고 말했다. 김덕보 TBC 대표이사와 홍두표 전무 역시 기자들에게 "다시 내지 말라"고 지시했다. 하지만 기자들은 "다시 뉴스를 내보내야 한다"는 입장이었다. 기자들은 당직 데스크였던 박광춘 차장을 설득해 9시 종합뉴스에도 방송을 내보낸다.

"YH 사건이 뭐라고 뉴스 시간마다 내나"라는 박정희 대통령의 말처럼 YH 노동자 투쟁은 초기만 해도 노동쟁의 이상이 아니었다.《동아일보》1979년 7월 31일자 〈회사를 살려주오〉라는 제목의 기사를 보면 7월 30일 YH무역 종업원 270여 명이 3층 강당에 모여 도산 직전에 있는 회사를 정상 가동시켜줄 것 등 7항의 요구 조건을 내걸고 4시간 동안 농성을 벌였다.

8월 6일 오후 5시, YH무역 정문에 폐업 공고가 걸린다. 회장의 외화 빼돌리기와 무리한 사업 확장, 제2차 석유 파동 등으로 인한 폐업이었다. 관리 직원들은 공장을 떠났고 여성 노동자들만 공장에 남았다. 이들이 지내던 기숙사에는 물과 전기마저 끊겼다. 그럼에도 여성 노동자들은 남아서 농성을 이어갔다. 하지만 상시적인 검열에 시달렸던 언론은 노동 문제에 침묵했다. 당시 영등포 도시산업선교회 총무였던 인명진 목사는 "언론이 무슨 말 한마디 했습니까. 광릉에서 크낙새 한 마리가 죽으면 신문에 사회면 탑으로 났지만 여성 노동자들 굶어죽고 공장에서 일하다가 죽고 손가락 잘리고 이거 한 줄도 보도 안 했어요"라고 말했다. 인 목사는 최근 자유한국당 비상대책위원장을 맡았다.

울부짖는 여성 노동자를 담다

단 5분의 면담 시간 "감의 정치인, 김영삼의 최고의 직감"
그렇게 묻힐 수는 없었다. 그래서 생각한 것이 농성 장소를 옮기자는
것이었다. 회장인 장용호가 미국 시민권자이니 미국 대사관에 가서
농성하자, 회사의 주거래 은행인 조흥은행에 가서 농성하자, 정부 여
당의 책임이 크니 여당인 공화당에 가서 농성하자, 야당인 신민당 당
사에 가서 농성하자 등 여러 주장이 나왔다.

미국 대사관이나 공화당사는 경비가 삼엄해 뚫고 들어가는 것이 어
렵고 조흥은행은 바로 경찰이 투입될 것이 뻔했다. 남은 곳은 신민당
사뿐이었다. 당시 노조위원장이었던 최순영 전 민주노동당 의원에 따
르면 노동자들은 8월9일 새벽이 되자 목욕이라도 가듯이 작은 대야를
들고 네댓 명씩 기숙사를 빠져나갔다.

노동자들이 몰래 마포의 신민당사로 옮겨가는 동안 문동환, 고은, 이
문영 등 당시의 재야인사들은 상도동 김영삼 총재 집을 찾아갔다. 김영
삼은 야당 당사는 누구에게나 개방돼 있으니 그들이 찾아오면 이야기
를 듣고 최선을 다해 돕겠다고 했다. 면담 시간은 딱 5분, 훗날 역사학
자 한홍구는 "감의 정치인 김영삼의 최고의 직감"이라고 평가했다.

8월9일 아침, YH 여성 노동자 187명이 신민당사 진입에 성공한다.
여성 노동자들이 정당의 당사를 점거한 것은 유례가 없던 일이었다.
신문들은 그날 석간부터 이 사건을 크게 보도하기 시작했다. 최순영

전 의원은 "우리 억울한 것이 언론에 보도되기 시작했을 때 너무나도 기뻐서 울었어요"라고 말했다.

영원히 잊을 수 없다, 《동아일보》 1979년 8월 11일자 7면

최순영 전 의원이 보고 울었다는 기사는 《동아일보》 8월 9일자 석간 기사다. 〈신민당사에서 농성을 벌이고 있는 YH무역 여공들〉이라는 제목의 사진 기사 속에는 여성 노동자들이 "배고파 못살겠다. 먹을 것을 달라"라는 플래카드를 들고 신민당사 4층에 모여 있는 모습이 담겼다.

역사학자 서중석은 당시의 언론 보도에 대해 "민주노조의 활동에 대해 언론들은 당국과 마치 짠 것처럼, 정권이 하라는 대로 왜곡해서 아주 나쁘게 기사를 쓰거나 또는 대부분은 아예 안 써버렸다"면서 "하지만 YH 사건에 대해서는 당시 《동아일보》가 보도를 잘했다"고 평가했다.

8월 11일과 13일 《동아일보》 보도도 주목할 만하다. 경찰의 강제진압이 있던 다음날인 8월 11일자 사진 기사에 대해 서중석은 "끌려가면서 닭장차에서 울부짖는 여성 노동자들의 모습을 담은 7면 사진, 그건 영원히 잊을 수 없다"며 "《동아일보》가 우리 언론사에서 잊을 수 없는 보도를 이 이틀 치에서는 했다고 본다"고 평가했다.

여성 노동자들이 신민당사로 들어가면서 YH무역 사건은 한 회사의 노사 문제가 아니라 정국의 뇌관으로 프레임이 확대됐다. 여성 노동자

《동아일보》
1979년 8월11일 7면 보도.

들어 신민당사에 들어간 지 만24시간 된 8월10일 오전 청와대에서 열린 고위대책회의는 신속한 강제 해산을 결정했다. 한홍구는 "이 충격파를 흡수하기에는 유신 체제가 너무나 경직돼 있었다"고 평가했다.

강제 진압 움직임이 보이자 여성 노동자들은 8월10일 긴급 결사총회를 연다. 총회에서 나온 결의문에는 경찰이 진입하면 모두 투신하겠다는 내용이 담겼다. 《동아일보》 8월11일자 기사에 따르면 김영삼 총재는 당사 정문 앞에서 황용하 마포서 정보1과장과 마주치자 "너희들이 정말 저 여공들을 뛰어내리게 할 참이냐"며 뺨을 때렸다.

재떨이가 떨어지고 … 피투성이가 됐다

새벽 2시, 경찰 2000명, 23분 만에 신민당사를 진압하다

8월11일 새벽 2시, 자동차 클랙슨 소리가 세 번 울린다. '101호 작전'의 시작이었다. 당시 현장에 있던 이성춘 《한국일보》 기자에 따르면 누군가 새벽 1시50분께 "경찰이 쳐들어온다"고 방마다 두드리며 소리쳤다. 하지만 주위에는 아무것도 보이지 않았다. 나중에 알고 보니 경찰이 마포 일대에 전원을 꺼버린 것이었다.

"쳐들어온다"라는 고함소리와 동시에 경찰들은 긴 사다리를 통해 신민당사로 진입했다. 동원된 경찰은 2000여 명이었다. 4층에서는 여성 노동자들이 "엄마", "나 죽어" 등의 비명을 질렀다. 사무처 요원들

102

YH무역 여성 노동자들과 함께 농성하던 김영삼 신민당 총재가
경찰에 의해 당사 밖으로 나오고 있다. ⓒ연합뉴스

은 각방을 두드리며 "2층 총재실로 모이라"고 공지했다. 2층 총재실
에는 국회의원, 당직자, 기자들이 모였다.

경찰은 여성 노동자들을 먼저 진압한 다음 총재실 벽을 부수고 들
어왔다. 《동아일보》 8월11일자 기사에 따르면 몇몇 청년당원들은 재
떨이를 던지면서 경찰이 들어오는 것을 제지하려 했다. 하지만 경찰
관들에 의해 순식간에 제압당해 박권흠 대변인 등은 얼굴이 피투성이
가 된 채 당사 밖으로 끌려나왔다.

기자들도 다쳤다. 이성춘 기자의 기록에 따르면 노재성 TBC 기자
의 경우 숙이고 있던 고개를 드는 순간 무언가가 날아와 노 기자의 머
리가 찢어지면서 뒤에 있던 사람의 셔츠와 얼굴에까지 피가 튀었다고
한다. 사진기자들은 경찰관들에게 필름을 빼앗기거나 땅바닥에 짓밟
혔다. 완전 진압에 걸린 시간은 '23분'이었다.

"경찰이 받아서 살았다"던 김경숙, 죽어서 발견되다

진압 이후 노동자 김경숙이 1층에서 쓰러진 채로 발견됐다. 그는 즉
시 병원으로 옮겨졌으나 새벽 2시30분께 숨졌다. 이틀 뒤인 13일 오
후 3시50분, 서울 강남구 시립강남병원에 영안실이 마련됐다. 하지만
장례는 어머니, 외삼촌, 동생 등 가족 3명과 경찰 관계자만이 참석한
가운데 3분 만에 치러졌다.

'자해투신'. 경찰이 발표한 김경숙의 사인이다. 《경향신문》 8월13일
자 보도를 보면 경찰은 김 씨가 건물 뒤편 북쪽 창가에 기대 있다가

《동아일보》
1979년 8월9일자 보도.

밖이 소란해지자 스스로 투신했다고 발표한다. 경찰 발표에 따르면 투신 시간은 오전1시30분, 경찰이 신민당사에 진입하기 전이다.

　이마저도 두 번이나 번복한 끝에 나온 결론이었다. 경찰의 첫 번째 발표는 '경찰 진입 후 떨어지는 것을 경찰이 받아서 살았다'였다. 이후 경찰은 '동맥 절단 후 투신자살을 기도, 병원으로 이송 중 사망'으로 발표했다. 그리고 마지막에 나온 것이 자해 투신이었다.

　경찰 발표와는 달리 신민당 사인규명조사반은 경찰이 진입한 이후 김경숙이 사망했다고 주장했다. 당시 보도를 보면 그나마 《동아일보》

가 신민당 조사반의 발표를 자세하게 보도했고 타사는 단신으로 처리했다. 당시 이에 의혹을 제기하는 언론이 있었다면 김경숙의 사인은 조금 더 빨리 밝혀졌을지도 모른다.

프레임은 그대로 작동한다

'배후세력' 프레임은 30년 전에도 있었다

정부와 여당은 '배후세력'과 '신민당의 선동'이라는 프레임을 짠다. 오유방 공화당 대변인은 당장 진압이 있었던 11일 "일부 불순세력의 조종을 받은 근로자들을 당사 안으로 유도, 선동에 가세함으로서 정략적으로 이용한 신민당 측에 그 책임이 있다"면서 김영삼을 겨냥해 "폭력을 조장, 혼란을 선도함으로써 뒷골목 정치인으로 타락했다"고 말했다.

유신정우회(유정회) 정재호 대변인도 이날 성명을 통해 "이번 일은 고용주와 피고용주 간에 빚어진 순수한 노사분규를 정치적으로 확대 악용하려는 배후세력의 불순한 지도에 의한 불행스런 사태 발전"이라고 주장했다. 유정회는 유신 체제를 지지하는 국회의원들이 만든 단체였다.

이틀 뒤인 13일, 이런 프레임은 그대로 작동한다. 'YH 여공 농성을 배후에서 조종한 혐의가 있는 한국교회사회선교협의회 총무 서경석

씨, 도시산업선교회 지도목사 인명진 씨, 전 교수 이문영 씨, 목사 문동환 씨, 시인 고은 씨 등 5명이 입건"된 것이다.

그중에서도 도시산업선교회가 배후세력의 핵심으로 지목됐다. 공화당과 유정회는 8월15일 도시산업선교회의 실태 조사를 위한 합동 조사단까지 꾸린다. 이들은 "도시산업선교회 일부 인사들이 그동안 여러 형태의 노사분규에 깊숙이 개입한 경위에 대해 사회정책적 차원에서 조사를 하게 됐다"고 밝혔다.

당시 정부 여당의 이러한 입장을 잘 대변한 매체 중 하나가 《경향신문》이었다. 《경향신문》은 8월13일자 사설에서 "우리는 이번 사건의 배후에 혹시라도 불순세력의 조직적인 선동이 있었다고 단정하고 싶지 않다"면서도 "하지만 또 그럴 위험성은 있을 수 있다는 개연성을 전혀 무시할 수도 없다는 현실을 명심해야 할 것"이라고 썼다.

8월16일자 사설에서도 "기업의 도산으로 일자리를 잃게 된 여성 근로자들의 순수한 자구적 시위는 문제된 불순세력과 정당의 틈바구니에 끼여 변질이 되어버린 꼴이 됐다"면서 "다 같이 협력할 시기에 부채질이나 하는 불순세력이 잠동한다면 이는 마땅히 국가 안보적 차원에서 단호하게 다스려야 할 것"이라고 주장했다.

도시산업선교회에 대해서는 "그 독특한 선교활동 때문에 이미 기독교 내부에서도 비복음적이다, 불순단체다, 심지어는 용공주의라는 시비까지 여러 차례 있어온 미션단체로 알려지고 있다"고 주장했다. 공화당과 유정회의 입장을 그대로 옮긴 것이나 다름없었다.

김경숙의 무덤 뒤에 박정희의 무덤이 있다

하지만 이런 프레임은 제대로 작동하지 못했다. 신민당은 18일간 농성을 지속했고 그 과정에서 김영삼은 국회의원에서 제명됐다. 그리고 이는 부마항쟁으로 연결된다. YH 사건이 터지고 두 달 뒤, 박정희는 김재규의 총을 맞고 숨졌다.

배후세력으로 도시산업선교회를 지목한 것 역시 70년대 민주화 세력 중심이었던 기독교의 거센 반발을 불러일으켰다. 한홍구는 "유신체제 억압에 대한 불만은 널리 퍼져 있었지만 1979년 상반기에는 그 불만이 저항으로 표출되지 못했다"며 YH 여성 노동자들이 그 '위장된 태평성대'를 깼다고 평가했다.

그리고 김경숙의 사인은 30년이 지나서야 밝혀진다. 2008년 진실화해위원회는 김경숙의 부검 보고서와 시신 사진을 근거로 손목에 동맥을 끊은 흔적이 없었고 곤봉과 같은 둥근 물체로 가격당한 상처가 발견됐다고 발표했다. 사망 시각 역시 경찰이 신민당사에 진입한 이후로 밝혀졌다.

"당시에 조합원을 모아서 김경숙을 본 사람을 알아내려고 노력했는데 본 사람이 거의 없었어요. 그래서 우리는 '자살인지 타살인지가 중요한 게 아니다. 자본과 국가가 김경숙을 죽음으로 내몬 것이다' 이렇게 정리했어요. 그런데 30년 지나서 알고 보니 지네가 죽였어. 떨어진 곳도 세 번이나 바뀌고. 지네들이 떨어졌다고 한 곳엔 창문도 없어. 동맥 절단도 안 했고." 김경숙의 동료 최순영 전 의원의 말이다. 김경

YH 노동자 김경숙 사원증.
ⓒ다큐멘터리 〈꽃다운〉

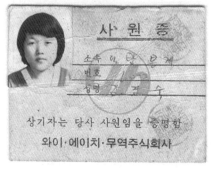

숙의 죽음이 제대로 보도됐다면 세상은 전태일과 더불어 김경숙을 기억하고 있을지 모른다.

1970년대를 두고 혹자는 '전태일의 죽음으로 시작해 박정희의 죽음으로 끝난 시대'라고 한다. 하지만 YH 사건으로 옥살이를 했던 고은 시인은 1970년대를 이렇게 정리했다.

1970년 전태일이 죽었다
1979년 YH 김경숙이
마포 신민당사 4층 농성장에서 떨어져죽었다
죽음으로 열고
죽음으로 닫혔다
김경숙의 무덤 뒤에 박정희의 무덤이 있다
가봐라

06

광주에 갇힌 5·18

5·18광주민주화운동

장슬기

외신이 전한
5·18광주민주화운동의 진실
"수많은 사람 대검에
찔리고 구타,
여기 상황 타 지역에
알려지지 않아"

5·18 진상 규명과 책임자 처벌은 밀렸다
5·18, 광주만의 비극으로 축소
'부끄러워 붓을 놓는다'
80년 5월의 실상은?
5·18 진상 규명의 필요성

5·18 진상 규명과 책임자 처벌은 밀렸다

용서가 덮은 진상 규명

"진상 규명 관련해 미흡한 부분이 있다면 훗날의 역사에 맡기는 것이 도리라고 믿는다." "잊지는 말되 과감하게 용서함으로써 새롭게 화해하자고 말하고 싶다."

1993년 5월13일 김영삼 대통령은 5·18 관련 담화에서 진상 규명·책임자 처벌이 아닌 용서와 화해를 말했다. 5·6공 세력과 YS계가 뒤섞인 문민정부의 한계였다. 김영삼은 담화에서 자신이 5·18에 항의한 대가로 3년간 가택연금을 당했을 때 23일간 단식투쟁한 사실을 언급하며 "오늘의 정부는 광주민주화운동의 연장선 위에 서있는 민주정부"라고 말했다.

이는 한국사회가 5·18을 다루는 기본 틀이 됐다. 갈등과 화해의 이분법이 작동했다. 대통령의 숙고 끝에 나온 시혜를 받아들여 "신한국 창조의 넓고 큰 길"로 나서자는 여론이 형성됐다. 담화 발표 당일 KBS

9시뉴스는 광주고속터미널에서 "광주의 억울한 누명이 쉽게 벗겨지는 걸 환영한다"는 '일반시민'의 인터뷰를 내보냈다.

5월16일 MBC〈일요보도국〉에서 앵커는 "역사 속의 진실을 밝히기 위해 지금은 갈등과 마찰보다는 지혜와 슬기를 모아야 할 때"라고 했다. 5월17일 김수환 추기경은 KBS 9시뉴스 인터뷰에서 진상 규명을 하면 책임자를 처벌하게 되고 이럴 경우 군이 동요하게 돼 불안이 조성된다는 주장을 했다. 대통령이 진심을 다한 만큼 아량으로 용서해 달라는 메시지도 남겼다. 김영삼─민자당─김수환 뒤엔 은폐된 전두환·노태우의 목소리가 있었다.

용서와 화해 끝에는 전두환 사면이

윤공희 광주대교구 대주교는 김수환 추기경과 불편한 관계가 될 수 있다는 위험을 감수하며 "김영삼이 5·18 진상 규명을 역사에 떠넘겨 근본적인 해결책을 제시하지 못한 데 유감을 표한다"고 했다. 5·18 관련 단체 간부 정동년은 "진상 규명의 요구를 한풀이, 보복 차원으로 인식하고 있는 것에 대해 몹시 서운하게 생각하지 않을 수 없다"고 비판했다. 그러나 이들 '갈등을 부추기는 목소리'는 외면 받았다.

5·18의 구도는 '군부독재 대 민주화를 바라는 시민'에서 '화해를 바라는 다수의 선량한 시민 대 갈등을 일으키는 5·18 관련 단체'로 변했다. 5·18 단체들이 제시한 5대 원칙 중 우선과제인 진상 규명과 책임자 처벌은 뒷전으로 밀렸다. 다음 3개 원칙이자 김영삼이 담화에서

밝힌 **명예회복, 기념사업추진, 피해보상** 등 화해의 축이 가시화됐다.

용서와 화해 끝엔 **전두환 사면**이 있다. 1997년 12월22일 김영삼 정부는 국민대화합 차원이라며 전두환·노태우를 특별사면했다. 민간인 학살 주도 등 9가지 혐의로 전두환이 대법원 무기징역 판결을 받은 지 8개월 만이었다. 학살 책임이 있는 독재자의 사면은 '독재 대 반독재'의 전선이 무너진 결과이자 김영삼 정부가 민주주의 관점을 외면한 결과다. 5·18이 '학살에 맞선 민주화운동'으로 한국사회 전반에 자리 잡기도 전에 독재자에게 면죄부가 갔다.

5·18, 광주만의 비극으로 축소

광주 안에 박제된 5·18

책임자 사면은 사건 규정을 모호하게 했다. 1980년 5월21일 오후 1시경 애국가 후렴을 부르던 광주시민을 향해 계엄군이 첫 방아쇠를 당겼다.

이는 불법으로 권력을 점한 군부가 '민주화'를 향해 쏜 것인가?(5·18 관련 단체 중심의 입장) 과하게 저항했던 광주라는 '특정 지역'을 권력이 잔혹하게 진압한 것인가?(다수 국민의 인식) 북괴와 폭도가 광주에 나타나 계엄군이 자위권을 발동한 것인가?(전두환 세력의 주장) 나치를 옹호하면 처벌을 받는 독일과 비교하면 5·18은 아직 논쟁 중인 셈이

116

다.

김영삼 정부를 거치며 전두환 목소리에 정당성이 실렸다. 이희성 계엄사령관은 1980년 7월22일 "광주사태는 자그마한 사건으로 마이애미의 폭동 정도로 본다"고 말했다. 전두환은 최근 발간한《전두환 회고록》에서 "나의 유죄를 전제로 만든 5·18특별법과 그에 근거한 수사와 재판에서조차 광주사태 때 계엄군의 투입과 현지에서의 작전지휘에 내가 관여했다는 증거를 찾으려는 집요한 추궁이 전개됐지만 모두 실패했다"고 했다. 모두 광주에서 우발적으로 발생한 사건으로 묘사한다.

정부의 공식적인 지원 아래 5·18 관련 여러 행사가 다채롭고 평화롭게 열리고 있다는 사실이 언론을 통해 강조됐다. 5·18 관련 행사들은 '광주'에서 벌어지는 연례행사가 됐다. 행사에서 나오는 목소리는 단신으로 처리됐다. 자칫 행사가 무질서해질 경우 5·18정신까지 훼손될지 모른다는 분위기가 만들어졌다. 화해가 갈등을 덮었다. 5·18의 진실을 찾자는 요구는 국민적 합의로 승화하는 데 실패했다. 5·18은 광주 안에 박제됐다. 광주 밖에선 5·18이 여전히 왜곡되고 있다.

왜곡되는 5·18, 진원지는?

전두환은《회고록》에서 "광주에서 국군의 의도적이고 무차별적인 살상행위는 일어나지 않았고"라거나 "지만원 박사는 광주사태가 '민주화 운동'이 아니고 북한이 특수군을 투입해서 공작한 '폭동'이었다는 주장을 펼치고 있다" 등을 얘기했다.

이는 이미 허위사실로 드러났다. 2007년 국방부 과거사 진상규명위원회(위원장 이해동) 조사에 따르면 당시 육군본부 작전참모부는 '학생시위 대처방안'을 마련해 1980년 5월 7일부터 군 투입을 준비했고 비상계엄 전국 확대조치를 상정하고 있었다.

전두환은 2016년 《신동아》 인터뷰에서 5·18 북한군 침투에 대해 보고받은 적이 "전혀" 없다고 했고, '북 특수군 600명 광주침투'에 대해 "600명이 뭔데? 난 오늘 처음 듣는다"라고 부인했다. 하지만 최근에는 《회고록》을 통해 지만원의 주장을 인용하는 형식으로 왜곡 주장에 올라탔다.

현재 유포되는 유언비어는 1980년 당시 신군부와 그들이 통제한 언론이 뿌린 주장을 기초로 한다. 북괴가 개입했다거나 당시 실세였던 전두환 보안사령관의 개입과 계엄군의 만행을 은폐하는 주장은 5·18 당시부터 있었다. 시민군을 폭도로 매도하며 나머지 시민과 분리하는 당시 프레임은 김영삼 정부가 제시했던 '갈등 대 화해' 프레임의 기초가 됐다. '경상도 군인이 전라도 씨를 말리러 왔다'는 당시의 유언비어는 극우세력의 호남 혐오로 최근까지 이어진다.

최규하 당시 대통령은 호소문을 통해 "북괴의 격증하는 적화책동이 학원소요를 고무 선동하고 있는 가운데 일부 정치인, 학생, 근로자들이 조성하고 있는 혼란과 무질서가 우리 사회를 무법천지로 만들고 있다"며 "이와 같은 사태가 경제난까지 극도로 악화시켜 바야흐로 국

1980년 5월 25일
광주의 모습. ⓒ연합뉴스

기를 근본적으로 흔들리게 할 우려가 있다"고 했다.

1980년 5월31일 계엄사령부는 발표문에서 "북괴고정간첩과 불순분자들의 책동, 불순한 정치적 목적을 달성시키기 위해 학생소요사태를 배후 조종해온 김대중이 광주의 전남대와 조선대 내 추종 학생들을 조종·선동한 것이 사태의 발단이 됐다"고 했다. 북괴 – 김대중 – 광주를 묶어 불순분자로 매도하는 주장이다.

광주 상황을 전하는 언론은 학살의 배경은 생략한 채 혼란만 드러냈다. 당시 《조선일보》 사회부장 김대중의 5월25일자 기사 〈무정부 상태 광주 1주〉의 중간제목은 "총 들고 서성대는 '과격파들', 길목서 저지 … 총기반납 지연"과 "시민들 생필품 동나 고통스럽다"였다.

군부의 학살은 생략된 채 갈등을 부추기는 세력과 고통받는 선량한 다수 시민의 대비가 강조됐다. 《조선일보》는 전두환 정권에서 크게 성장해 1등 신문이 됐다.

《조선일보》는 신군부의 집권을 환영하는 입장도 소개했다. 한국신학대학장 조향록은 5월17일자 3면 칼럼 〈요즘이 걱정스럽다〉에서 "민주정치에 있어 군대가 정치적 중립에 있어야 함은 철칙이요 상식이지만 적의 침략이 예상되는 시점에서 군인이 아닌 승려인들 어찌 팔짱을 끼고 있을 것인가"라고 썼다.

'부끄러워 붓을 놓는다'

철저히 통제된 언론

언론은 철저히 통제됐다. 5월 20일 《전남매일신문》 기자들이 18~19일에 있던 특전사들의 잔학상을 썼는데 인쇄 직전 한 간부가 판을 엎었다. 《전남매일신문》 모든 기자는 다음과 같은 사직서를 써서 뿌렸다.

> 우리는 보았다. 사람이 개 끌리듯 죽어가는 것을 두 눈으로 똑똑히 보았다. 그러나 신문에는 단 한 줄도 싣지 못했다. 이에 부끄러워 우리는 붓을 놓는다.
> ─전남매일 기자 일동

5월 21일부터 《경향신문》, 《중앙일보》, 동양방송, 《한국일보》, 21일부터 동양통신 등의 언론인들이 검열과 제작을 거부했다. 하지만 일선 언론인이 빠진 자리에 간부 등 소수가 진입해 변칙적으로 뉴스를 제작했고, 왜곡과 은폐가 더 심하게 나타나 효과를 보지 못했다.

윤덕한 전 《경향신문》 기자의 《한국 언론 바로보기 100년》에 따르면 5월 22일 전두환은 각 언론사 발행인을 불러 계엄확대조치의 배경과 불가피성을 설명한 뒤 협조를 요청했고, 사회부장들을 요정으로 불러내 같은 당부를 한 뒤 1인당 100만 원씩 촌지를 돌렸다. 당시 주요 일간지 부장급 월급은 45만 원 내외였다.

1980년 5·18 기간 중 열흘 동안 나오지 못한 《전남매일신문》 6월 2일자 1면
대장(최종판 이전 검토·편집을 위해 만든 지면)이다. 계엄사령부가 검열한 빨간펜 흔적이 곳곳에 있다.
김준태 시인의 109행짜리 시 '아아, 광주여 우리나라의 십자가여!'는 33행으로 잘렸다.
현재 대장은 광주광역시 5·18민주화운동기록관에 전시돼 있다. ⓒ연합뉴스

신군부의 이중 플레이

신군부의 이중 플레이는 당시 광주 시민들이 작성한 자료에 나타난다. 5월24일 '5·18사태 수습대책 위원회 일동'의 〈계엄분소 방문협의 결과보고〉에는 '공수부대의 지나친 진압을 인정하라'는 시민들 요구에 계엄사는 현장 설명을 듣고 과잉진압임을 시인했고, '폭도 같은 자극적인 어휘 사용을 금지하라'는 요구에 "순수한 시민을 폭도라 함이 아니요, 악용하는 자를 말하는데 상부에 부드러운 어휘를 사용토록 진정했다"고 했다.

3일 뒤인 5월27일 신군부는 157명의 시민군이 지키던 전남도청을 진압했다. 《조선일보》는 28일 〈악몽을 씻고 일어서자〉라는 사설에서 "국군이 선량한 절대다수 광주시민, 곧 국민의 일부를 보호하기 위해 취한 행동에 어려움이 따를 수밖에 없었음은 당연한 일"이라며 "계엄군은 일반이 상상했던 것보다 훨씬 극소화한 희생만으로 사태를 진정시키는 데 성공했다"고 평가했다.

28일 신군부가 뿌린 것으로 추정되는 전단지에는 "광주 질서·안정 되찾아", "최규하 대통령 지시, 계엄군 시민 피해 없이 새벽에 진주, 구호·복구에 최대역량 동원", "서로 믿고 화합, 하루빨리 복구" 등의 내용이 있었다. 《조선일보》등 다수 언론이 27일 "무장 저항하던 폭도 17명을 사살하고 295명을 체포했으며 도청과 경찰국 등 주요 청사와 시가지를 완전히 회복시켰다"고 전한 것과 같은 논조다.

80년 5월의 실상은?

국내 언론, 신군부의 대변인으로 전락하다

학살 당시 국내 언론은 신군부의 대변인으로 전락했다. 성난 시위대
가 왜곡 보도에 항의하는 뜻으로 광주MBC·KBS에 불을 지르기도 했
지만 21일 이후 광주 시민들은 고립된 가운데서도 질서를 유지했다.
서로 약탈하거나 금융기관을 습격하는 등의 일은 벌어지지 않았다.

시민군 대변인 윤상원 등을 중심으로 한 들불야학 팀이 만든《투사
회보》(9회 이후《민주시민회보》)는 광주 지역의 유일한 언론이었다. 계
엄군의 발포를 은폐했던 언론과 달리《투사회보》는 1호(1980년 5월21
일)에서 "놈들이 무차별 발포를 시작했다"면서 "각 동별로 동사무소
장악, 동별로 집합", "오후 3시부터 도청으로 진격하라" 등 당시 상황
과 행동준칙을 알렸다.

《투사회보》 6회는 "현재 병원에서 확인된 시체가 102명, 변두리에
버려진 시체, 군인들이 실어 간 시체가 550명, 합계 600명 이상의 사
망자가 발생했고 중상자 500여 명, 경상자를 포함, 총 2000여 명의 부
상자가 발생했다"며 피해 상황도 기록했다.

또한《투사회보》는 "계엄령을 철폐할 것, 살인마 전두환을 처단할
것, 구속 중인 학생과 시민, 민주인사들을 즉시 석방하고 구국 과도정
부를 수립할 것" 등을 요구하며 "정부와 언론은 이번 광주의거를 허
위조작, 왜곡 보도도 하지 말라"고 지적했다.

1980년 5월 23일자《투사회보》.
광주광역시 5·18민주화운동기록관에 전시돼 있다.

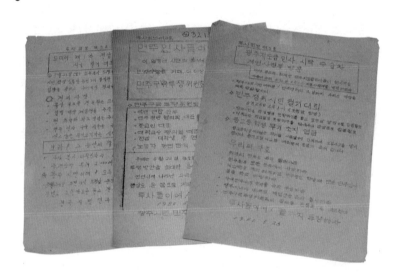

외신이 본 80년 5월

외신이 본 80년 5월은 《투사회보》 내용과 비슷하다. 21일자 UPI통신의 〈무장군대, M16난사〉, 23일자 《아사히신문》의 〈광주사태 긴장 계속, 군은 시 주변 완전 포위〉에 이어 24일자 AFP통신은 〈민주주의란 대의에 의해 움직이는 광주〉라는 기사에서 "광주의 인상은 약탈과 방화와 난동이 아니"라며 "한국 군부의 야수적 잔인성은 라오스·캄보디아를 능가한다"고 묘사했다.

25일자 UPI·AP통신·《뉴욕타임스》 역시 〈고립된 광주에서의 참상〉이라는 기사에서 "일반 시민들은 데모대와 동조하고 있으며 18일 평화적 시위에 대한 공수부대의 야수적 만행을 규탄하고 있다"며 "수많은 사람이 대검에 찔리고 구타당했으며, 수요일에는 군대 발포로 최소 11명 사망, 여기의 상황은 한국의 타 지역에 알려지지 않고 있다"고 전했다.

80년 5월 광주에서 벌어진 '인간사냥'의 실상은 알려지지 않았다. 계엄사는 언론을 통제해 보도를 막거나, "계엄군에게 환각제를 먹였다" 등의 허위정보를 유포해 진실을 밀어냈다. 5·18의 첫 기억이 변질됐다.

5·18 진상 규명의 필요성

신군부의 이중 플레이

실체가 모호한 범죄를 용서하는 건 사건을 덮는 방식이다. 2014년 4월16일 진도 앞바다에서 배가 침몰했고, 탑승자 구조가 안 돼 사망한 사건을 언론은 한동안 '진도 여객선 침몰 사건'으로 보도했다. 사건이 발생한 공간이 아닌 책임 주체를 드러내야 한다는 문제의식에 몇 주가 지나면서 '세월호 참사'가 됐다.

세월호를 은폐하려는 이들은 세월호를 '놀러간 안산 학생들이 진도에서 당한 교통사고'로 한정했다. 세월호 가족에게 색깔론을 씌우며 '선량한 일반시민'에게 불편을 주는 존재로 매도했다. 그럼에도 2017년 한국사회는 세월호 참사를 단순한 교통사고로 이해하지 않는다. 안산이나 진도의 문제가 아닌 한국사회의 문제, 그들의 문제가 아닌 우리의 문제로 규정하고 있다. 모두 3년 넘게 세월호 가족과 이들을 지지하는 시민들이 세월호 참사의 진상 규명과 책임자 처벌을 요구하며 투쟁한 결과다.

5·18은 1979년 10·26 이후 찾아온 정치공백, 1980년 '서울의 봄'을 상징한다. 서울의 봄은 독재가 무너진 전국적인 민주화 열망을 상징한다. 5월의 학살은 광주만의 사태가 아닌 민주화를 바라는 모든 시민을 향한 신군부의 겁박이었다. 민주화를 요구한 시위는 5월 이전뿐 아니라 이후에도 있었고, 서울 등 광주 밖에도 있었다.

2017년 3월26일
진도 팽목항 세월호 팽목분향소 모습. ⓒ미디어오늘

5월의 핏빛 경험은 세월호의 교훈

1980년 5월27일 새벽 신군부는 전차 18대, 장갑차 9대, 500MD 무장헬기 4대, 코브라 무장헬기 2대 등 살상무기를 동원해 4시간 만에 시민군 23명을 죽이고 전남도청을 진압했다. '소탕작전'을 완료한 계엄군은 28일 오전 전차 14대와 장갑차 1대를 동원해 광주 시내를 2시간 동안 누비며 위력을 과시했다. 군부의 퍼레이드는 50여 대의 장갑차와 20여 대의 군용트럭을 동원해 서울에서도 전개됐다. 시위 진압이 아닌 적진을 정복한 모습이었다. 군부는 광주가 아닌 전국을 향해 총구를 겨눈 것이다.

5월의 핏빛 경험은 세월호의 교훈이기도 하다. 국가가 방향을 잃은 자리에 있던 국민이 함께 당한 고통이다. 세월호를 위해 싸웠던 누군가가 진상 규명이 아닌 용서를 말하면 세월호도 5·18처럼 어딘가에 갇힐지 모른다. 세월호 증거 조사가 필요한 이유는 5·18 재조사가 필요한 이유이기도 하다.

80년 5월 계엄상황일지에는 5일이나 일일 결재가 빠져 있고, 일지의 일련번호가 섞여 있거나 사라져 있다. 진실의 빈자리엔 극우세력의 5·18 혐오가 들어서고 있다. 5·18 발포 책임자와 전두환의 연결고리를 찾지 못하거나 5·18의 정확한 원인조차 파악하지 못하면 전두환의 주장처럼 5·18은 광주에서 우발적으로 벌어진 충돌로 정의될지 모른다.

1980년 5월 18일 광주 금남로에서
시민과 학생들의 군사정권 퇴진을 요구하며 대형 버스를 앞세우고 시위하는 학생을
계엄군이 연행해 탱크 앞에서 무릎을 꿇리고 있다. ⓒ연합뉴스

5·18 의제 주도하지 못한 언론

5·18광주민주화운동은 1980년대 학생운동에 결정적인 영향을
줬다. 5월27일 전남도청에서 저항했던 이들이 다수는 지식인·
대학생 중심이 아닌 평범한 서민들이었다. 이들은 죽음을 예상
한 채 도청으로 향했는데 이 자체가 학생들에겐 큰 충격이었다.
미국《볼티모어선》브래들리 마틴 기자는 1994년 월간《샘이
깊은 물》에서 시민군 대변인 윤상원을 가리켜 "나는 이미 그가
죽을 것임을 예감했고 그 자신도 그것을 알고 있는 듯했다"며
"표정에는 부드러움과 친절함이 배어 있었지만 시시각각 다가
오는 죽음의 그림자를 읽을 수 있었다"고 표현했다. 1970년대
에 비해 80년대에 죽음을 각오하고 민주화운동에 투신한 사람
이 크게 증가한 계기는 단연 5·18이다.

80년대 학생운동에 반미反美가 한 축을 담당하게 된 것도 5·18
의 영향이 크다. 형식적으론 군 이동시 정부가 주한미군에 통보
만 하면 된다지만 당시엔 미국의 승인이 있어야 한다고 잘못 알
려졌고, 현실적으로도 전시작전권이 없으니 미국의 동의가 있
어야 군 투입이 가능했을 것이라는 비판이 나왔다.

실제 미국은 신군부의 과잉진압을 제지하지 않았다. 80년 5월
31일 카터 대통령은 CNN 인터뷰에서 "우리는 우방과 친구, 교

역 상대방과의 관계를 단절해 그들을 소련의 영향권에 넘길 수는 없다"며 "그들 정권이 우리의 인권 기준에 부합하지 않는다는 이유만으로 전복시킬 수도 없다"고 말했다.

대학생과 지식인을 중심으로 한 민주화운동 세력에겐 5·18의 실상이 알려진 반면 일반 대중에는 군부가 유포한 정보가 언론에 제대로 정제되지 않은 채 퍼졌다. 1980~90년대 주류 언론 중 평균적인 논조를 보인 《동아일보》만 봐도 언론이 5·18을 어떻게 바라봤는지 알 수 있다.

5·18 초기 '비극적인 일'

1980~83년 신군부 통치가 엄혹했던 시기 언론은 사건의 배경이나 원인을 분석하지 못했다. 계엄사 발표를 그대로 인용보도하며 하나의 비극적인 사태로 다뤘다. 5·18 관련 《동아일보》의 첫 사설은 발발 엿새 만인 5월24일 〈유혈의 비극은 끝나야 한다〉였다. 사설에서 "이번 광주사태를 맞이해 우리가 바라고자 하는 것은 앞으로 더 이상의 유혈이 있어서는 절대로 안 되며 그 수습의 방법은 대화를 통한 평화적 방법이어야 한다"고 했다.

신군부가 5월 당시 동원했던 반공 이데올로기를 언론도 그대로 활용했다. 《동아일보》는 5월26일 〈북한은 오판 말라〉는 사설에서 미국 동향을 다루며 "미국 측의 (이와 같은) 즉각적인 대응 조치는 어떤 형태건 북한의 대남적대 행위는 가차 없이 분쇄될 것임을 행동으로 보여준 것"이라 평가했다.

《조선일보》는 1980년 7월4일 '김대중 내란 음모 사건'을 보도하기 위해 1면 머리기사뿐 아니라 광고란을 포함해 3면, 6면 전체에 걸쳐 보도했다. 8월15일자 1면 머리기사 〈김대중 등 24명 첫 군재〉의 중간제목은 "학생데모 조종·내란 선동"과 "조총련과 손잡고 '반한' 주도"였다. 1면에 이어 4, 5, 9, 11, 12면에 걸쳐 김대중을 비판하는 내용을 채웠다. 김대중-호남에 색깔론을 씌우는 게 요지다.

전두환 정권의 강압통치는 83년 말부터 균열이 생겼다. 분위기가 풀어지면서 진상 규명의 목소리가 나왔지만 《동아일보》는 85년에 와서야 이를 말했다. 85년 5월31일 〈광주와 개헌 등 결의안〉이라는 사설에서 진상 규명을 주장하면서도 "민정당도 광주사태가 특수상황에서 빚어진 불행한 사태였다고 본다면 그 나름대로 할 말이 있을 법하다"는 양시론적 입장을 취했다. 시기로 보나 논조로 보나 진상 규명 담론을 주도했다고 보기 어려웠다.

1987년 민주화 이후

노태우 정부가 88년 4월1일 '광주사태 치유방안'을 발표하고
5·18을 민주화운동의 일환으로 규정하면서 새 국면을 맞이했
다. 다음날인 88년 4월2일 《동아일보》는 〈광주문제의 시각전
환〉 사설에서 폭도로 몰린 희생자들 문제를 언급했다.

88년 8월 국회에서 '5·18광주민주화운동진상조사 특별위원회'
가 구성됐고, 11월 여야 공동으로 '5·18광주민주화운동의 진
상 규명을 위한 청문회'가 출범했다. 정치지형의 변화가 확실
해진 11월16일 《동아일보》는 〈역사를 찢지 말라〉 사설에서 "모
든 수단을 다 동원해서 진상을 밝혀내야 한다"고 주장했다. 정
치권 수준을 단순히 반영하고 있다는 지적은 여전히 가능하다.
김영삼 정부가 1993년 '광주민주화운동 대국민 담화'에서 책임
자 처벌에 유보적 입장을 취하고 용서와 화해를 말했다. 이에 5
월16일 광주MBC 〈일요보도국〉에서 기자는 "진상 규명과 관련
해 미흡한 부분이 있다면 훗날 역사에 맡기는 것이 도리라고 믿
고 싶다"고 했다. 김영삼 입장을 언론이 나서 '도리'라는 도덕
적 차원으로 포장했다.

1997년 정권교체 이후

김대중 정부가 취임한 1998년 《동아일보》는 5·18 관련 사설을 전혀 싣지 않으며 소극적인 모습을 보였다. 2000년 민주당 소속 386 출신 국회의원들이 5·18 광주민주항쟁기념전야제 전날 술자리를 벌여 물의를 일으킨 사건이 발생하자, 5·18을 정쟁의 수단으로 활용했다.

《동아일보》는 2000년 5월26일 〈부끄러운 386 정치인〉이라는 사설에서 "망월동에 추모하러 간 정치인들이 아가씨들과 함께 음주가무로 밤을 지새운 것은 정말 어처구니없는 짓"이라며 "광주민주화운동의 정신을 이어받았다는 386운동권 및 재야 출신들"의 분별없는 술자리를 강도 높게 비판했다.

노무현 정권 들어서서도 5·18을 정권 비판 도구로 사용했다. 2005년 5월18일 〈5·18 민주화운동 25돌에 생각한다〉는 사설에서 "이제는 시대상황의 변화에 맞춰 그 타당성을 되짚어 볼 때"라고 주장했고, 2006년 5월29일 〈5·18 광주에선 무슨 일이 있었나〉 사설에선 "모두가 5·18 정신을 말했지만 결국 매표전쟁일 뿐"이라고 비판했다.

37년간 언론이 윤색한 5·18은 이제 허울만 남았다. 지난해 5월19일 《중앙일보》는 사설 〈5·18 민주화 운동, 통합의 장으로 만들어야〉에서 〈임을 위한 행진곡〉을 부르지 않는 황교안 당시 국무총리 등을 거론하며 "더 큰 문제는 행사가 인권과 민주주의라는 5·18 민주화운동의 의미를 부여하는 장이 되기는커녕 '노래 논란'의 싸움터로 전락했다는 점"이라고 비판했다. 사설 마지막처럼 "이젠 5·18을 정치에서 풀어주고 자랑스러운 대한민국의 역사로 승화시킬 방법을 찾을 때"다.

07

미선이·효순이
정말 '교통사고'였나

미선이·효순이 사건

강성원

미군 장갑차에 의한
중학생 사망 사건,
정권·언론도 '미국' 앞에
나약했던
굴욕의 15년

'미군 차량 부주의로 여중생 2명 사망'
언론의 무관심 속 미군 장갑차에 중학생 2명이 스러졌다
미군은 처음부터 끝까지 '진실'을 말하지 않았다
의문사를 '교통사고'로 치부한 언론, 미군을 변호했다
'반미' 촛불 끄려 했던《조선일보》, 미군 무죄·SOFA 불변

'미군 차량 부주의로 여중생 2명 사망'

"하필 오늘같이 바쁜 날…"

'미선이·효순이 사건'으로 알려진 중학생 2명이 미군 장갑차에 깔려 숨진 2002년 6월13일은 전국동시지방선거일이었다. 또한 5월31일 한일월드컵 개막 후 우리나라 월드컵 축구 대표팀과 포르투갈 팀의 조별 예선 경기를 하루 앞둔 날이었다.

그러나 이날은 미군 장갑차가 경기 양주시 광적면 효촌리 마을 도로를 주행하다 중학교 2학년 여학생 2명을 치여 그 자리에서 숨지게한 비극적인 사건이 일어난 날이기도 했다. 이 죽음은 한동안 주목받지 못했다. 《오마이뉴스》등에서 사고 당일 이 충격적인 소식을 전했지만 대부분의 일간지는 다음날 관련 기사를 단신으로 처리했다. 《조선일보》는 이마저도 보도하지 않았다.

당시 기자들에 따르면 이날은 지방선거일이어서 사건 기자들도 아침부터 선거 관련 취재로 정신이 없었다고 한다. 그렇게 점심시간이 지나갈 무렵 의정부경찰서로 한 장의 팩스가 들어왔다. '미군 장갑차에 치여 여중생 2명 즉사.' 그때 기자들의 입에서는 "하필 오늘같이 바쁜 날……"이라는 푸념이 나왔다.

다음날 신문에는 〈미군차량 치여 여중생 2명 사망〉(《한겨레》), 〈미군 차량에 치여 여중생 2명 사망〉(《경향신문》), 〈미군 궤도차 덮쳐 여중생 둘 사망〉(《중앙일보》), 〈미군차에 치여 여중생 둘 사망〉(《동아일보》) 등 경찰발 기사가 지면 구석에 짤막하게 실렸다.

은폐 수준의 침묵

2002년 12월 민주언론시민연합과 전국언론노동조합 주최로 열린 '여중생 압사 사건 관련 언론 보도에 대한 토론회'에서 발표된 민언련의 일간지(《조선일보》·《동아일보》·《중앙일보》·《한겨레》) 보도 모니터 보고서에 따르면, 2002년 6월17일 미군 측이 가족들에게 알리지도 않고 서둘러 현장조사를 하는 과정에서 어느 신문도 제대로 문제제기하지 않았다.

민언련은 "6월20일에는 미국의 일방적인 자체 조사 결과가 한미 합동으로 발표됐지만 이에 대해서는《한겨레》만 21일자 사회 2면 2단으로 단순 보도했을 뿐 그 방식과 내용에 대한 문제제기를 담지 못한 한계를 남겼다"며 "미군 측이 최소한의 사과도 하지 않고 사고 차량 운전병은 아무런 처벌 없이 군내 생활을 하는 등 납득하기 어려운 추이가 계속됐지만 이에 대해 언론은 침묵했다"고 지적했다.

특히 사건 초기 《조선일보》의 침묵은 은폐 수준에 가까웠다. 사건 발생 일주일이 지난 6월 20일이 돼서야 미군 추모행사를 첫 보도한 《조선일보》는 7월부터 미군 측의 입장을 중점 보도하기 시작했다. 한 달 동안 고심 후 미군 장갑차에 의한 중학생 사망 사건 관련해 쓴 사설의 첫 시작은 "내년은 한·미 군사동맹 50주년이 되는 해다"였다.

《조선일보》는 이 사설에서 "한·미 동맹관계는 이제 그 연륜에 걸맞은 성숙함을 갖출 때가 됐으며, 건강한 동맹을 유지하는 핵심적 요소 중 하나가 상대방을 배려하고 이해하려는 자세"라며 "이 사건이 일종의 '운동 확산'의 모양새로 가게 하는 양상은 바람직하지 않다. 이 같은 경향은 피해자 가족들이나 한·미 양국 국민 어느 쪽에도 도움이 되지 않는다"고 주장했다.

《조선일보》가 그동안 이 사건 보도에 소홀했던 이유를 스스로 고백한 셈이다. 결국 《조선일보》는 사고 발발 직후 미군 측의 무책임한 태도와 주한미군지위협정SOFA 문제로 국민의 억울한 죽음이 규명되지 않았는데도 피해자 국민을 위로하기보다 한·미 관계 악화를 먼저 걱정하고 있었다.

142

언론의 무관심 속 미군 장갑차에
중학생 2명이 스러졌다

"미군의 오만방자함이 하늘을 찌를 듯하다"

반면 《한겨레》는 6월20일 〈미군훈련과 두 소녀의 죽음〉이라는 제목의
사설을 통해 일찌감치 불평등한 SOFA 규정 개정의 필요성을 역설했
다. 《한겨레》는 "미군 주둔과 군사훈련이 어쩔 수 없는 우리의 현실이
라 해도, 이런 어이없는 안전사고를 '공무 중 다반사'로 처리하는 것은
용납할 수 없는 일"이라며 "미8군이 소녀들의 죽음에 조의를 표시하
고 위로 모금을 하는 것으로 해결될 일이 아니다. 이것이 주한미군지
위협정을 좀 더 평등하게 개정해야 할 이유이기도 하다"고 강조했다.

《한겨레》는 또 미군이 설치한 고압선에 감전돼 팔다리를 자른 채 1
년 가까이 투병생활을 하다 장갑차 사건 사흘 전 세상을 떠난 전동록
씨 사례를 들며 "그 사건에 대해서도 미군 당국은 '과실치사'라며 단
돈 60만 원의 위로금을 전달했을 뿐이었다"고 지적했다. 이어 "빈발
하는 안전사고를 줄이는 길은 사고에 대한 투명한 조사와 엄격한 처
벌"이라며 "우리 국민에게 피해를 준 사건의 조사에 우리의 사법당국
이 참여해야 함은 당연하다"고 주문했다.

여인철 전 민족문제연구소 운영위원장은 6월26일 《경향신문》 기고
문(〈월드컵에 묻힌 것들〉)에서 "나를 분노하게 만드는 것은 미군이 공무
수행 중 발생한 사고라며 일방적으로 조사하고 끝내려 한다는 것과

2007년 6월 13일 서울 청계광장에서 열린
'미선이, 효순이 5주기 촛불 문화제' 행사에 시민들이 참석해 심미선·신효순 양
사망 5주기를 추모하고 있다. ⓒ연합뉴스

우리가 재판관할권조차 없다는 것"이라며 "더욱 기막힌 일은 이 사고에 대해 항의하러 간 우리 여고생들과 시민단체에 무릎을 꿇고 사죄해도 시원찮을 미군이 무장한 채 총부리를 들이댔다는 것이다. 미군의 오만방자함이 하늘을 찌를 듯하다"고 개탄했다.

미군 군사법원, 무죄 평결을 내리다

미군이 사고 발생 후 유족에게조차 알리지 않은 채 서둘러 현장조사를 벌였다. 그 결과 "사고 차량 차장이 30미터 앞에서 여중생을 발견하고 무선으로 두 차례 운전병에게 정지 명령을 내렸지만 소음으로 듣지 못했다"는 발표도 허위로 밝혀졌다. 미군은 "훈련을 주민들에게 미리 통보했다"고 거짓말했다가 주민의 항의를 받고서야 "다음부터 꼭 알리겠다"며 번복하기도 했다.

《한겨레》 등의 보도에 따르면 실제 장갑차량 운전병은 미군 조사에서 사고 당시 다른 곳과 교신하던 중이라 선임 탑승자의 경고를 듣지 못했다고 답변했다. 7월2일 운전병 워커 마크 병장은 "사고 당시 중대장, 지휘부와 무전교신을 하고 있었다"며 "선임 탑승자가 '정지'라고 고함지르는 것을 들었을 때 차량 오른쪽 바로 앞에 빨간 셔츠를 입은 소녀를 보았다"고 기록돼 있다.

이후 11월 한국 검찰은 운전병과 관제병이 통신장비가 불완전한 상태에서 장갑차량을 운행하는 등 명백한 과실을 저질렀다고 밝혔다. 검찰은 "이들이 사용한 장비를 조사한 결과 통신장비에 여러 결함이 있는 것으로 확인됐다"며 "관련자 진술과 장비 상태 등을 놓고 볼 때 이들이 이런 사실을 알고도 장갑차를 출발시키고 운행을 계속해 사고를 초래했다는 결론을 내렸다"고 말했다. 그러나 미군 군사법원 배심원단은 운전병과 관제병 모두에게 무죄 평결을 내렸다.

미군은 처음부터 끝까지 '진실'을 말하지 않았다

보수 언론, 진상조사를 요구하는 시위대의 과격성을 더 걱정
사고 초기 일부 언론이 지적했듯 미군이 '과실치사'를 입증하고 유족에게 최소한의 도리를 표하는 방법은 공정하고 철저한 재조사였다. 그러나 보수 언론은 '원만한 처리'와 한미동맹 강화를 내세우며 되레 진상조사를 요구하는 시위대의 과격성을 우려했다. 특히 《동아일보》는 검찰 조사도 이뤄지지 않은 시점에서 '고의성이 없는 과실 범죄일 가능성이 크다'고 예단했다.

6월27일 희생 학생 유가족 측이 사고 장갑차 운전병과 관제병, 중대장 등을 업무상 과실치사 혐의로 서울지검 의정부지청에 고소한 후 《동아일보》는 29일자 사설에서 학생들의 죽음을 '교통사고'에 비유했다.

《동아일보》는 "고의로 사람을 죽인 살인과 교통사고 등에 의한 과실치사는 법률적으로도 엄연히 구분된다"며 "조사 결과가 나와 봐야 알겠지만 이번 사고는 일본 오키나와 주둔 미군의 여학생 강간 사건

2005년 서울 광화문 교보문고 앞에서
고 신효순 심미선 3주기 촛불 추모제가 열렸다. ⓒ민중의소리

이나 주한미군 영안실에서 독극물을 한강에 방류한 범죄와는 달리 고의성이 없는 과실 범죄일 가능성이 크다"고 주장했다.

아울러 《동아일보》는 "일부 시위대가 미군기지 진입을 시도하는 과정에서 미군 병사 9명이 다쳤다"고 하면서도 미군의 공개 사과와 진상 규명을 요구하는 시위대와 취재 기자가 폭행당한 사실은 전혀 언급하지 않았다. △한국민의 정서를 감안해 유족들 위로 △충분한 보상 △유사 사고 재발 방지 노력을 '원만한 처리'라고 하면서도 SOFA 규정의 문제점도 지적하지 않았다.

무력한 한국 정부의 잘못은 모른 체

그러던 《동아일보》는 11월20일 미군 군사법원 배심원단이 미군 장갑차 관제병에게 무죄 평결을 내리자 그제야 〈이래서 SOFA 개정하자는 것〉이라는 제목의 사설을 통해 "근본적인 문제는 불평등한 주한미군 지위협정에서 찾아야 할 것"이라고 제안했다. 소 잃고 외양간 고치는 격이다.

《동아일보》는 "이번 사건의 경우 한국 검찰은 미군 측에 재판관할권 포기를 요청했으나 거부당했다. 그 결과 전원 미군 장병들로 구성된 배심원단이 무죄 평결을 내놓았고 그것이 한국민의 정서를 자극한 것"이라며 "이번 불행한 사고가 SOFA 개정 등 한미관계를 근본적으로 개선하는 계기가 되도록 하는 것이 바람직하다"고 강조했다.

《동아일보》는 지금껏 SOFA 개정을 요구해온 시민단체엔 '지나친 반응은 잘못'이라는 훈계도 빼놓지 않았다. 《동아일보》식 '원만한 처리' 가 되지 않은 것은 정부·여당의 책임도 큰데도 이에 대한 비판은 찾아 볼 수 없었다. 한목소리로 평결에 유감을 표명했다는 정치권과 법무부 가 국민의 질타를 함께 받고 있는데도 《동아일보》는 모른 체했다.

의문사를 '교통사고'로 치부한 언론, 미군을 변호했다

한국 경찰의 폭력 진압

무력한 한국 정부를 대신해 '미군 장갑차 여중생 살인 사건 범국민대 책위원회'가 집회를 열고 '범죄자에게 면죄부를 주기 위한 요식행위' 라며 재판 중단을 요구했다. 그러나 한국 경찰은 미군 2사단 앞으로 몰리는 시민을 폭력적으로 진압했다.

경찰에 둘러싸여 집단으로 구타당한 시민은 호흡곤란 상태에서 사진기자 들에 의해 발견돼 병원에 실려 갔다. 병원과 집회 현장 사이를 구급차가 7 차례나 다녀갔으며, 이미 쓰러진 여학생을 발로 짓밟고 방패로 머리를 내 리찍었다는 증언도 나왔다. 얼마나 억울했으면 분을 못 이겨 실신한 대학 생도 있었겠는가.

2002년 7월31일 서울시청 앞 광장에서 열린
미군 장갑차 희생 여중생 49재 행사에서 침석자들이 효순·미선 양 영정을 앞세우고
경찰과 대치하며 몸싸움을 벌이고 있다. ⓒ연합뉴스

당시 경찰의 과잉진압을 묘사한 《한겨레》 사설 중 일부다. 《한겨레》는 11월24일 사설에서도 시위대의 분노는 무기력하기 짝이 없는 우리 정부의 태도에도 겨누어져 있다고 꼬집었다.

《한겨레》는 "이번 평결 결과를 두고 '재판을 투명하게 진행하려는 미군 당국의 노력을 평가하며, 이와 같은 결과를 수용할 수밖에 없다'고 말한 외교부는 도대체 어느 나라 외교부냐"며 "정부는 언제까지 미국의 눈치만 보고 있을 것인가. 국민의 뜻을 알았다면 바로 소파 재협상에 나서야 한다. 소파 재협상의 뜻을 밝힌 각 당도 빈말에 머물지 말고 구체적인 행동을 보여주기 바란다"고 촉구했다.

촛불시위, 확산되다

이 기간 《한겨레》의 미군 장갑차 사건 관련 보도량도 급증했다. 2003년 발표된 〈미군장갑차 사건의 담론분석: 《조선일보》와 《한겨레신문》 기사 비교〉(정선희) 석사학위 논문을 보면 《한겨레》는 6월에 9건, 7월 43건, 8월 25건, 9월 9건, 10월에 6건을 보도했다. 이후 11월18일 가해자인 미군에 대한 재판이 열리기 시작하면서 보도량은 11월엔 53건, 12월엔 134건으로 늘었다.

《한겨레》가 이 사건에서 주로 사용한 '프레임'은 한미 간 불평등 관계를 강조하고 SOFA 개정을 주장하는 '패권국·SOFA 개정'과 촛불시위를 긍정적으로 평가하는 '반미 확산' 프레임이었다. 반면 《조선일보》는 한미 동맹의 틀 안에서의 SOFA 절차 조정을 해결책으로 제시하는 '동반자·법률체계'와 '반미 저지' 프레임 비중이 컸다.

　특히《한겨레》는 미군 장갑차 사건에서 미국을 패권국의 오만한 이미지로 부각하고 책임자의 처벌과 SOFA 개정을 강하게 주장하면서 '패권국·SOFA 개정' 프레임이 67.9퍼센트로 가장 높게 나왔다. 이 사건 초기부터 자리 잡은 '패권국·SOFA 개정' 프레임은 '반미 확산' 프레임으로 자연스럽게 이어지는데, 이는 11월 '미군 무죄' 보도 이후 촛불집회가 미친 영향이 큰 것으로 보인다.

　처음 이 사건 관련 시위가 이미 미국 제국주의에 대한 거부감과 SOFA에 문제의식을 가지고 있던 시민단체 위주의 행동이었다면, 11월 이후의 촛불시위는 그동안 미국에 대한 큰 반감이 없었던 일반 시민이나 대학생·청소년층까지 확산되는 양상을 보였다.

'반미' 촛불 끄려 했던《조선일보》, 미군 무죄·SOFA 불변

안보, 동맹을 위해 반미 정서를 억제해야

이런 흐름에《조선일보》는 국가 안보나 경제 상황, 동맹 관계 유지를 위해 반미 정서를 억제해야 한다는 프레임으로 맞섰다. 〈[반미·북핵] 외국인 투자심리 움찔 … 증시에 부정적〉(12월14일), 〈"한국상품 불매·미 자본철수 등 악영향" 재계, 반미운동 자제 호소 … 경제5단체

성명〉(12월17일), 〈[사설] 경제5단체의 반미 걱정〉(12월18일) 등 반미가 경제에 악영향을 미치고 국익에도 도움이 안 된다는 내용의 기사가 연일 쏟아졌다.

게다가 12월11일 〈어린이에게 혈서 쓰게 하는 분위기〉라는 제목의 사설에서는 한 초등학교 여학생들이 미군 장갑차 사망 사건 재판을 다시 하라고 요구하며 혈서를 썼다는 소식을 전하면서 남녀노소를 불문하고 반미 분위기가 확산되는 것을 강하게 경계했다.

조사 결과 학교나 주변에서 이 어린이들에게 '혈서'를 부추긴 사람들은 없었던 것으로 밝혀졌다. 하지만 《조선일보》는 12월18일자 칼럼에서도 "어린이에게 시위 현장이나 유세장의 경험이 나중에 어떤 기억으로 남게 될지, 아이가 자라면서 균형 잡힌 세계관을 갖는 데 그런 경험이 장애가 되지는 않을지 한번 생각해볼 일"이라며 그때 시국에서 어린이들조차 느꼈던 미국에 대한 분노를 '위험한 정치 현상'이라고 규정했다.

평화로운 촛불집회의 태동기라고 할 수 있는 '미선이 효순이를 위한 촛불 추모제'를 바라보는 보수 언론의 시각이 당시 얼마나 우려스러웠는지 알게 해주는 대목이다. 지금은 부모가 아이의 손을 잡고, 심지어 유모차까지 끌고 나오는 게 촛불 문화제의 상징적인 모습이 됐지만, 광화문을 둘러싸고 있는 보수 언론에게 촛불의 번짐은 '위기감'을 주는 일이었다.

'다시 그날이 왔구나'

보수 언론은 꽃도 채 피워보지 못한 만14살 중학생 2명이 미군 장갑
차에 의해 비참한 죽음을 맞은 사건을 '교통사고' 수준으로 깎아내리
고 진상을 호도했다. 주한미군, 나아가 미국과의 본질적인 문제를 개
선하고 진실을 밝혀 다시는 이런 불상사가 없도록 하기보다 기득권의
이익을 위해 반미 감정의 확산을 막는 프레임으로 진실을 가렸다.

다음은 2015년 신경림 시인이 미군 장갑차에 치여 숨진 신효순·심
미선 양 13주기 추모제에서 낭송한 추모시 〈다시 그날은 오는데〉 중
일부다.

산과 들을 말리고 나무와 곡식을 태우면서
또 유월이 왔구나.
효순이 미선이 너 귀여운 우리의 딸들을
우리가 이 땅에 되살려야 할 유월이 왔구나.
이제 거꾸로 너희가 별이 되어
우리 갈 길을 가리켜주는 유월이 왔구나.
우리의 꿈을 지켜주고
쓰러지려는 우리를 일으켜 세우는
다시 그날이 왔구나.

08

윤전기를 멈추며 시작된 1987년의 함성

박종철 고문치사 사건

이하늬

22살 대학생의 죽음,
전두환의 '뒤집기' 는
먹히지 않았다
사건은폐→정권불신→
정권퇴진으로
이어진 프레임

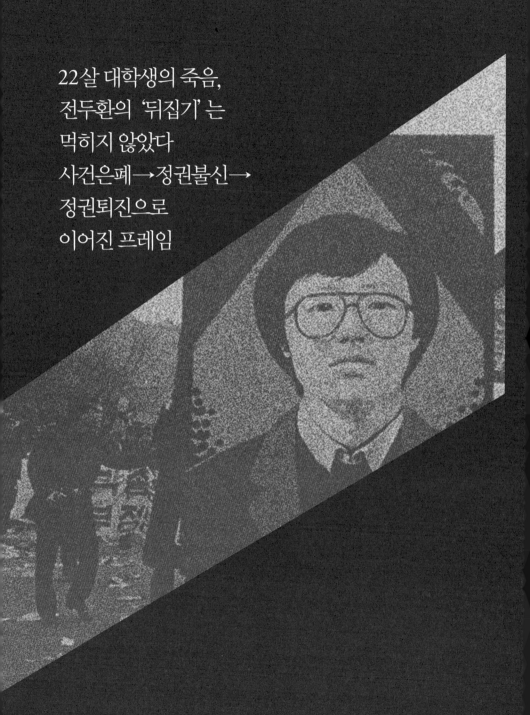

박종철 사망 기사1보, 그렇게 세상에 나왔다
탁 치니 억 하고 죽었다
'김만철 일가 탈북 사건'으로 프레임 전환 시도
내부 고발, 반전의 시작과 프레임의 확대
6월 항쟁을 만든 이들

박종철 사망 기사 1보,
그렇게 세상에 나왔다

"조사를 어떻게 했기에 사람이 죽는 거야"

1987년 1월15일 오전 9시50분, 신성호《중앙일보》기자가 대검찰청
이홍규 공안4과장 사무실로 들어섰다. 서서 서류를 보고 있던 이 과
장은 신 기자에게 자리를 권했다. 그리고 자리에 앉으며 무심하게 말
했다. "경찰 큰일났어." 신 기자는 아무것도 몰랐지만 일단 맞장구를
쳤다. "그러게 말입니다. 요즘 경찰들 너무 기세등등했어요." 이어진
이야기는 충격적이었다.

"그 친구 대학생이라지. 서울대생이라며?"

"아침에 경찰 출입하는 후배 기자에게서 그렇다고 들었습니다."

"조사를 어떻게 했기에 사람이 죽는 거야. 더구나 남영동에서……."

남영동은 대공분실이 있던 곳이다. 곧바로 신 기자는 추가 취재를
통해 사망한 대학생 이름이 박종O이고 서울대 언어학과 3학년이라는

《중앙일보》
1987년 1월15일 기사.

것까지 알아냈다. 이후 서울대 출입기자가 박종철이라는 이름과 주소를, 부산 주재기자는 박종철의 부모님이 아들의 사망 소식을 듣고 서울로 갔다는 사실을 알아냈다. 기사 1보가 완성됐다.

　기사를 확인한 사회부장이 신 기자에게 물었다. "자신 있어? 이런 사건을 사실과 다르게 보도했다간 너와 나는 물론이고 국장, 사장까지 줄줄이 남산에 불려간다." 남산은 안전기획부가 있던 곳으로 정권에 불리한 기사를 쓴 언론인들이 불려가 조사를 받기도 했다.

　게다가 당시 석간이었던 《중앙일보》의 윤전기는 이미 돌아가고 있었다. 신 기자는 "자신 있습니다"라고 답했다. 금창태 편집국장 대리가 돌아가던 윤전기를 멈춰 세웠다. 해당 기사는 사회면 2단으로 들어갔다. 생각보다는 작은 크기였다. 박종철 사망 기사 1보는 그렇게 세상에 나왔다.

"염불 책하고 철이 사진 가지고 전부 올라오그라"

같은 시각, 서울에 간 아버지로부터 부산 집으로 전화가 걸려왔다. "염불 책하고 철이 사진 가지고 전부 올라오그라." 울음 섞인 목소리를 듣는 순간 박종철의 누나 박은숙은 가슴이 내려앉았다. 전날 경찰이 찾아오긴 했지만 가족들은 박종철이 경찰에 잡혀간 정도로만 생각했다.

　14일 오전 6시40분, 박종철의 하숙집에 경찰 6명이 들이닥쳤다. 4명이 박종철을 붙잡아 차에 태웠고 나머지 2명은 하숙집에 남아 있다

서울대 졸업생과 재학생 등 6백여 명의 학생이
반정부 구호가 적힌 플래카드와 고 박종철 군의 대형영정을 앞세우고
박종철 명예 졸업장 수여를 요구했다. ⓒ연합뉴스

가 오전 7시께 하숙집 주인에게 목격됐다. 박종철을 태운 차는 오전 7시55분께 남영동 대공분실 정문을 통과한 것으로 기록돼 있다.

대공분실 5층은 철저하게 조사 혹은 고문을 위해 설계됐다. 먼저 창문의 크기가 다른 층과는 달리 좁고 길다. 자살 가능성을 막고 밖을 내다보지 못하게 하기 위해서다. 책상, 침대, 의자 등 4.09평 공간의 가구들은 자해를 방지하기 위해 모두 바닥에 고정돼 있다. 벽에는 '흡음시설'이 설치돼 있다.

박종철이 선배 박종운의 소재를 대지 않자 고문이 시작됐다. 박종철은 물고문 중 욕조 턱에 목이 눌려 사망했다. 박종철은 끝까지 박종운의 소재를 대지 않았다. 사실 박종철은 박종운의 소재를 몰랐다. 박종운은 신문 기사를 통해 박종철의 사망 소식을 알게됐다. 훗날 박종운은 한나라당에 입당해 국회의원 선거에 출마했으나 낙선했다.

탁 치니 억 하고 죽었다

유례없는 40초 단신, "신경민이는 끝도 없이 단신을 하냐"
《중앙일보》 1보가 나간 날 오후, 반응이 나오기 시작했다. 국내 언론이 취재에 들어갔고 외신들은 《중앙일보》를 인용보도했다. 결국 이날 저녁 강민창 치안본부장은 "수사관이 주먹으로 책상을 탁 치며 혐의 사실을 추궁하자 갑자기 억하며 책상 위로 쓰러져 긴급히 병원을 옮기던 중 차 안에서 숨졌다"고 발표했다.

　동시에 각 언론사에 '보도지침'이 전달됐다. 신문의 경우 사회면 3단, 방송은 영상 없는 단신으로 처리하라는 내용이었다. 이에 따라 MBC는 15일 저녁 9시 〈뉴스데스크〉 말미 '간추린 뉴스' 맨 마지막에 이 소식을 전했고 1월16일 조간인 《조선일보》, 《한국일보》는 3단 크기로 보도했다. 하지만 언론사들은 보도지침을 지키면서도 사실을 알리려는 나름의 노력을 보였다. MBC '간추린 뉴스'를 진행하던 신경민 앵커는 40초 분량으로 해당 소식을 전했다. 보통 단신은 10~20초 분량이었다. 보도국 내부에서는 "신경민이는 끝도 없이 단신을 하냐"는 이야기가 나왔다.

　MBC 보도에는 고문을 추정하는 어떤 단어도 들어있지 않았지만 전파는 신문보다 빨랐다. 이 단신은 박종철이라는 이름을 전국으로 알린 최초의 보도가 됐다. 《조선일보》는 3단 크기를 지키면서도 박종철의 사진을 실어 '4단 같은 3단 기사'를 내보냈다. KBS는 해당 소식을 전하지 않았다.

《동아일보》, 쇼크사에서 고문사로 프레임을 바꾸다

이런 상황에서 보도지침을 과감하게 깬 언론사가 있었다. 《동아일보》다. 15일 특종을 뺏긴 《동아일보》는 지역판에 박종철 사망 기사를 키웠다. 지역판에 대해서는 그나마 당국의 감시가 느슨했다. 다음날인 1월16일자 서울시내 석간 가판부터는 사회면 중간 톱으로 크게 해당 사실을 보도했다. 이 중에서도 11면 기사가 주목할 만하다.

11면 기사에는 시신을 처음으로 본 오연상 중앙대 용산병원 수련의와 부검 과정을 지켜본 삼촌 박월길의 인터뷰가 담겼다. 오연상은 "도착 즉시 박 군의 눈동자를 살펴보고 심전도 및 호흡 상태를 살펴본 결과 이미 숨진 상태였다"고 말했다. 병원으로 가다가 숨졌다는 경찰 발표를 뒤집는 것이었다.

삼촌 박월길은 고문사를 의심케 하는 발언을 쏟아냈다.

"두피를 벗기자 머리 한쪽에 피멍자국이 드러나 보였으며 이마, 뒤통수, 목, 가슴, 하복부사타구니 등 여러 군데에 피멍자국이 있었다."

《동아일보》 보도를 통해 박종철의 죽음은 쇼크사에서 고문사로 프레임이 전환된다.

고문사 의혹이 제기되자 상황은 급속하게 전개됐다. 1월17일 오후5시 무렵 정구영 서울지검장은 물고문 혐의를 인정했고 이는 이날 석간신문 지방판과 다음날 주요 조간신문 1면 톱기사로 보도됐다. 사회면 2단 기사로 출발한 사건이 사흘 만에 1면 톱기사로 커진 것이다. 보도지침은 더 이상 의미가 없었다.

결국 1월19일 치안본부는 박종철의 사인을 "경찰관의 가혹행위에 의한 질식사"로 발표했다. 조사경찰 2명이 구속됐다. 일간지는 한결같이 내무장관의 사과문을 전제하고 자숙하는 경찰 내부 분위기를 자세히 보도했다. 이후 전두환 대통령의 유감 표명이 부각되는 등 사건은 마무리되는 듯했다.

《동아일보》
1987년 1월16일 기사.

'김만철 일가 탈북 사건'으로 프레임 전환 시도

전두환, 김만철로 박종철을 덮다

추가적인 팩트 취재는 나오지 않았다. 이런 상황에서 전두환 정권은 2월7일로 예정된 추도회를 '불법'으로 규정하고 프레임을 전환시키려했다. 일간지 머리기사를 보면 〈추도집회 불법규정〉, 〈오늘 추도회 … 전국 초긴장〉 등이다. 박종철 사망 자체보다는 두 집단 간의 갈등에 초점이 맞춰진 것이다. 정부가 원하는 대로였다.

결국 추도회는 열리지 못했다. 추도회가 무산되자 박종철 고문치사 사건은 급속하게 묻히기 시작했다. 그 정점이 '김만철 일가 탈북 사건'이다. 1987년 2월11일 월요일, 신문들은 북한 의사 출신의 김만철 일가 11명이 전날 밤 김포공항에 도착했다고 대문짝만하게 보도했다. 《동아일보》는 호외까지 발행했다.

〈북한탈출 김씨 일가 서울 첫밤〉(《매일경제》 1987년 2월9일 1면 기사)
〈이렇게 좋은 옷은 처음 … 잔치같다〉(《경향신문》 1987년 2월10일 6면 기사)
〈데이트 남녀보고 '저래도 되느냐〉(《동아일보》 1987년 2월10일 10면 기사)

전두환 정권에게는 호재가 따로 없었다. 김만철 일가 관련 소식이 연일 보도되면서 박종철 고문치사 사건은 신문 지면에서 사라졌다. 3월3일 계획된 '고문 추방 및 민주화를 위한 국민평화 대행진' 소식도

신문 한 귀퉁이에 작게 보도될 뿐이었다. 사건으로 사건이 덮인 것이다. 이게 정말 우연이었을까.

언론, 박종철 이전으로 되돌아가다

김만철 일가가 탈북한 때는 1월22일이었다. 김만철 일가는 배를 타고 탈북해 일본으로 갔다. 이는 이미 언론에 여러 차례 보도된 바 있었다. 그런데도 2월9일 대대적으로 보도된 데는 이유가 있다. 박종철 사건에 대한 관심을 다른 곳으로 돌리기 위해 전두환이 일본에 김만철 일가를 보내달라고 요청한 것이다.

이에 대해 역사학자 서중석은 강하게 비판했다.

신문은 박종철 고문치사 사건 이전으로 되돌아갔다. 김만철 일가 탈북 사건으로 사회 분위기가 반전된 면도 있었지만 보수적인 제도 언론답게 언론이 익숙한 제자리로 돌아갔기 때문이다.

이렇게 박종철은 세상에서 잊히는가 했다.

《동아일보》
1987년 2월 9일 호외.

내부 고발, 반전의 시작과 프레임의 확대

치안본부 총경, 내부고발자로 나서다

하지만 3개월 뒤 반전이 시작된다. 1987년 5월 18일 천주교정의구현 사제단은 "박종철 사건의 범인이 조작됐다"고 발표했다. 구속된 2명 외에 3명의 경찰이 더 있다는 내용이었다. 초기에 사제단의 성명은 언론의 주목을 받지 못했다. 《동아일보》는 이를 사회면 2단으로, 《중앙일보》는 사회면 1단으로 각각 보도했다.

치안본부는 사제단의 성명에 대해 "일고의 가치도 없는 허위 사실이며 상식 밖의 주장에 대해 왈가왈부할 필요조차 느끼지 않는다"고 반박했다. 그러나 반박 하루 만에 검찰은 박종철을 숨지게 한 혐의로 경찰 3명을 추가로 구속했다. 사제단의 성명 내용이 진실임을 보여주는 대목이다.

그리고 이튿날 《동아일보》에서 결정적인 보도가 나왔다. 치안본부 배아무개 총경이 《동아일보》 기자에게 "차나 한잔 하러 오겠나"라고 물은 게 시작이었다. 당시 이를 취재한 《동아일보》 김차웅 기자에 따르면 배 총경은 도청을 의심한 듯 목소리를 나직하게 바꿔 말하고는 전화를 끊었다.

김차웅 기자가 배 총경 사무실에 들어가자 그는 문을 잠근 채 이렇게 말했다.

이번 사건은 얼마 안 가 또 터질 것이 분명하다. 처음부터 사실대로 밝혔으면 한 번 매를 맞고 끝날 일인데 감추고 감추다가 계속 터지고 있다. 기왕 알려질 것이기 때문에 경찰 조직을 살리기 위해 말해주겠다.

내부 고발이었다.

사건은폐→정권불신→정권퇴진, 프레임의 확대

5월22일 《동아일보》는 〈관련 상사 모임에서 범인축소 조작모의〉라는 제목의 기사를 통해 1월18일 비밀회의에서 경찰 당국이 체포된 고문 경찰관의 가족을 돌본다는 각본을 세웠고 구속된 조아무개 경위가 폭로할 기미를 보이자 "이를 무마했다"고 폭로했다. 이때부터 사건은 "범인이 3명 더 있다"가 아닌 "윗선에서 사건을 축소 은폐했다"는 프레임으로 바뀐다.

5월21일부터 5월24일까지 《조선일보》, 《동아일보》, 《중앙일보》, 《한국일보》, 《서울신문》의 관련 기사량은 209개에 이른다. 기사 제목을 보면 〈조작, 몰랐나 … 속았나〉, 〈어떻게 믿겠는가〉, 〈얼마나 더 속여야 하나〉, 〈끝없는 거짓말〉 등으로 정권에 대한 불신을 강하게 드러냈다. '정권 불신'으로 프레임이 확대된 것이다.

이후 언론은 '정권 퇴진'을 요구하는 목소리까지 지면에 담아내기 시작했다. 5월26일부터 28일까지 5개 일간지의 관련 보도량은 170건인데 철저한 진상 규명과 최대 규모 개각을 요구하는 내용이 주를 이

뤘다. 이전에는 등장하지 않았던 "퇴진 요구", "못 믿을 맹공정권, 누구를 믿을까" 등의 단어도 사용됐다.

6월 항쟁을 만든 이들

용기 있는 'Deep Throat'

이렇게 박종철 사망은 6월 항쟁으로까지 이어지게 된다. 박종철 고문 치사 사건이 세상에 알려진 데는 보도지침에 맞선 언론의 노력도 있었지만 용기 있는 'Deep Throat'들의 역할이 컸다. Deep Throat는 익명의 제보자를 뜻하는 단어로, 미국 워터게이트 사건을 보도한 기자들이 끝내 취재원을 밝히지 않고 Deep Throat라고 부른 데서 비롯됐다.

먼저 박종철의 시신을 제일 먼저 확인한 중앙대 용산병원 의사 오연상이다. 사망 진단이 내려지자 수사관들은 담요로 박종철의 시체를 싼 뒤 들것에 실어 용산병원으로 옮기려 했다. 병원 응급실에 갈 때까지 살았다고 주장할 심산이었다. 하지만 오연상은 긴급히 병원으로 연락해 시체를 병원으로 들이지 못하도록 했다.

이후 오연상은 《동아일보》 기자에게 "박 군을 처음 보았을 때 이미 숨진 상태였고 호흡곤란으로 사망한 것으로 판단됐으며 …… 약간 비좁은 조사실 바닥에는 물기가 있었다"고 말했다. 이 인터뷰 이후 그는 용산 그레이스 호텔에 끌려가 24시간 동안 경찰 조사를 받고 다음날

6월항쟁 모습
ⓒ6월항쟁기념관

신길동 대공분실에서 다시 조사를 받았다.

천주교정의구현사제단의 폭로 역시 익명의 제보자를 통해 가능했다. 당시 영등포교도소에 근무하던 안유 보도계장이다. 대공분실 사람들은 하루가 멀다 하고 수감된 고문 경찰관들을 찾아와 "당신 둘이 죄를 덮으면 1억 원씩을 주고 가족생활을 보장하겠다. 조만간 가석방으로 꺼내 주겠다"며 회유했다. 각각 1억 원이 입금된 통장을 보여주기도 했다. 안유는 이 과정을 모두 지켜봤다.

당시 영등포교도소에는 민주화운동을 하다 투옥된 이부영 전 의원도 있었다. 우연히도 이부영과 안유는 일찍부터 알고 지내던 사이였다. 고문 경찰관들이 밤새 울고 찬송가를 부르는 모습을 본 이부영이 안유에게 이유를 묻자, 안유는 "먼 훗날 회고록에 쓰라"며 자신이 듣고 본 것을 말했다.

이부영은 "그러냐"고만 말하고 표정도 바꾸지 않았다. 하지만 기자 출신인 이부영은 이를 기억해뒀다가 종이에 적은 다음 외부로 보냈다. 만약 안유가 이부영에게 이 사실을 말하지 않았다면 박종철 고문 치사 사건은 확대되지 않았을지 모른다. 안유의 존재는 25년이 지난 2012년에야 밝혀졌다.

박종철을 부검한 국립과학수사연구소 법의학 1과장 황적준 역시 중요한 역할을 했다. 황적준은 경찰의 회유와 압박에도 부검 감정서에 '흉부 압박에 의한 질식사'라고 사인을 기록했다. 황적준의 부검 소견은 그 해 6월10일 민주 항쟁의 기폭제가 됐다. 그리고 1년 후 황

《동아일보》
1987년 12월30일자에 소개된 오연상.

적준은《동아일보》를 통해 회유와 압박이 기록된 일기장을 공개했다.

끝내 먹히지 않은 전두환 정권의 '뒤집기'

남영동 대공분실은 2005년까지 보안분실로 사용되다 '경찰청인권센터'로 탈바꿈했다. 2017년 5월29일 경찰청인권센터를 찾았다. 22살 박종철이 차에 태워져 끌려갔던 그 길은 활짝 열려 있었고 센터 입구에는 사람 허리 높이만 한 경찰 마스코트 모형이 자리하고 있었다. 건물 앞 잔디에는 물이 뿌려지고 있었다.

당시 조사실이 위치한 5층으로 가는 방법은 두 가지였다. 1층에서 5층으로 이어지는 나선형 계단을 통하거나 1층과 5층에만 서는 엘리베이터를 이용하는 방법이다. 조사실 층수를 알 수 없도록 하기 위해서다. 쇠로 만들어진 계단은 발이 닿을 때마다 소리가 크게 울렸다. 공포감을 극대화하기 위한 것이라고 했다.

그 길을 살아 내려오지 못한 이가 박종철 하나만은 아니었을 것이다. 그럼에도 박종철 사망이 알려질 수 있었던 것은 전두환 정권에 맞선 작은 용기들 덕분이었다. 애초 정권은 박종철 부모에게 9500만원을 주며 사건을 무마하려 했으나《중앙일보》의 1보 기사로 세상에 알려졌고 의사 오연상의《동아일보》인터뷰로 '쇼크사'가 아닌 '고문사' 의혹이 제기됐다.

이후에도 전두환 정권은 추도제를 '갈등' 프레임으로 끌어가고 김만철 일가를 일본에서 불러들이는 등 박종철 사건을 덮으려고 노력했

박종철 추모공간으로 바뀐
남영동 대공분실 509호. ⓒ이하늬

으나 경찰 내부에서 익명의 제보자가 등장하는 바람에 오히려 사건은
더 확대됐다. 《동아일보》 기자에게 모든 것을 털어놓은 제보자는 아
직도 이름이 밝혀지지 않았다. 6월 항쟁은 박종철과 이들이 만들어낸
결과물이다.

[인터뷰]
《박종철 탐사보도와 6월 항쟁》 펴낸
황호택《동아일보》고문
박종철 탐사보도 기자
"나는 정의의 사도나 투사 아닌 언론인"

"나는 정의의 사도나 투사도 아니고 언론인으로 36년간 있다가 떠날 사람이라 조심스럽다. 어떻게 보면 비겁해서 살아남은 것이다." 황호택《동아일보》고문이 웃으며 말했다. 그는 1987년 박종철 탐사보도 주역 중 한 명이다. 당시《동아일보》는《중앙일보》에 1보는 뺏겼지만 이후 고문치사 사건을 끈질기게 보도했다. 당시 법조팀장이었던 황 고문은 햇수로 겨우 6년차 기자였다. 다른 언론사 법조팀장이 10년 이상의 차장급 기자들이었던 것과 비교해보면 상당히 어린 편이다. 법조팀에 있으면서 '유시민 항소이유서' 등을 단독보도하는 역량을 보여 낮은 연차에도 불구하고 덜컥 팀장을 맡게 됐다고 황 고문은 설명했다.

2017년 5월 황 고문은 묵혀둔 '숙제'를 해결했다. 박종철 고문치사 사건 당시 상황을 재구성해 기록으로 남기는 일이다. 제대로 기록하기 위해 사건의 당사자들을 수차례 만나 인터뷰를 진행했고 당시에는 차마 공개하지 못했던 내부제보자들의 이야기도 담았다. 이는《박종철 탐사보도와 6월 항쟁》으로 출간됐다. 저서에는 당시 박종철 고문치사 사건을 조작하고 은폐하려 했던 이들의 이름도 모두 담겼다. 이에 황 고문은 "한편으로는 당사자들이 명예훼손 소송을 제기하지 않을까 걱정했다"면서도 "또 한편으로는 소송 좀 해줬으면 좋겠다는 생각도 했다. '당신 그때 그러지 않았냐'고 묻고 싶은 것"이라고 말했다.

지난 30년 동안《동아일보》도 우여곡절이 많았다. 사건 당시〈하늘이여, 땅이여, 사람들이여〉라는 칼럼으로 독자들에게 울림을 준 김중배 전《동아일보》편집국장은 "이제 언론은 권력과의 싸움이 아니라 자본과의 싸움을 해야 한다"며 1991년 회사를 떠났고《동아일보》의 위상도 이전 같지 않다.

이에 대해 황 고문은 "아직도《동아일보》의 '야성'이 살아 있다고 생각한다"며 "김중배 선생은 내가 편집국장으로 모셨던 사람이다. 생각이 같은 부분도 있고 다른 부분도 있다. 말하기가 참 어렵다"고 말을 아꼈다. 황 고문을 11일《동아일보》사옥에서 만났다. 아래는 황 고문과의 일문일답이다.

미디어오늘 ●●● 1987년 1월 당시 박종철 고문치사 사건을 처음으로 보도한 곳은 《중앙일보》였다. 당시 《중앙》과 《동아》가 석간에서 경쟁을 하던 상황에서 소위 '물을 먹은 것'인데 당시 상황이 어땠나?

황호택 ●●● 처음에는 《중앙일보》 경찰 출입 기자가 쓴 기사인 줄 알았다. 그런데 알고 보니 《중앙일보》 법조팀에서 썼다고 하더라. 많이 아팠다. 시작부터 물을 먹긴 했지만 결과적으로 1년 가

황호택 《동아일보》 고문.
ⓒ이치열 기자

까이 관련 기사를 쓰면서 특종도 여러 건 했고 기사도 많이 썼다. 기자로서는 행운이었다(황 고문은 박종철 고문치사 사건 탐사보도로 한국기자상을 두 해 연속으로 수상했다).

미디어오늘 ●●● 당시 신성호《중앙일보》기자가 어떻게 특종을 했는지 궁금하지는 않았나?

황호택 ●●● 신성호 기자가 25년 동안 취재원을 밝히지 않았다. 어디서 이걸 특종을 했을까 늘 궁금했다. 나는 박종철 군 아버지를 통해《중앙일보》에 근무하던 친척에게 "종철이가 어떻게 됐는지 알아봐달라"고 부탁했다는 이야기를 들어서 제보가 있었을 것이라 생각했다. 나중에 신 기자는 이홍규 당시 공안4과장이 취재원이라고 밝혔다. 그럼에도 여전히 나는 제보 가능성도 있다고 본다. 제보가 있었다고 해서 1보 특종의 가치가 떨어지거나 명예가 떨어지는 건 아니다. 물론 물 먹은 기자가 핑계거리 찾는다고 할 수도 있겠다. (웃음)

미디어오늘 ●●● 당시 언론 통제 상황에서 기자들은 '제도 언론'이라고 비판받았다. 그럼에도 기자들이 한 노력이 있다면?

황호택 ●●● 보도지침 때문에 학생들 데모나 구속, 재판 선고 기사는 다 크기가 제한돼 있었다. 그럼에도 기자들은 1단, 두 줄짜리 기사라도 쓰려고 했다. 어느 날은 사회면 3분의 2가 1단짜리 기사로 채워졌다. 얼마나 많이 구속되고 선고됐으면 그랬겠나. 당시 한 판사가 기자들에게 밥을 사면서 기사에 자기 이름은 빼달라고 했다. 전두환 정권 하에서 민주화를 요구했다는 이유로 징역 2년, 3년 선고하는 게 그 사람들로서는 자랑스럽지 않았을 것이다.

미디어오늘 ●●● 당시 《동아일보》를 포함한 언론계 분위기는 어땠나?

황호택 ●●● 다른 언론사도 마찬가지였을 것이다. 고문해서 학생을 죽였는데 그 진실을 밝히자고 생각하지 박수 칠 언론이 어디

황 고문이 전두환 정권 당시 1단 짜리 기사를 보여주고 있다.
ⓒ이치열 기자

있겠나. 다만 정권의 압박이 너무 심하니까 다들 주저하고 겁냈다. 숨죽이고 눌려 있었지만 '(전두환 정권) 진짜 나쁜 놈들이네' 이런 분위기였다. 한편으로는 자포자기하는 기자들도 있었다. 어차피 기사를 써도 나가지 않으니 아예 취재를 기지 않는 것이다. 박종철 군 화장터 취재도 중요한 취재 거리임에도 《동아일보》와 《한국일보》 기자만 갔다.

미디어오늘 ●●● 그런 상황에서 《동아일보》가 박종철 사망 이후 적극적으로 보도했다. 정권 차원의 압박이 있거나 기자 개인으로 느끼는 두려움은 없었나?

황호택 ●●● 87년 1월에 고문근절 캠페인 시리즈에서 내가 첫 기사를 썼다. 하지만 기자 이름은 나가지 않았다. 기자를 보호하기 위해서였다. 당시 당국이 김중배 논설위원을 연행할 움직임이 보이자 기자들이 댁에 전화해서 상황을 알린 적도 있다. 끌려가면 수모, 모욕은 물론이고 개박살나게 맞았다. 국가안보를 위해서 했다? 웃기는 이야기다. 국가안보를 자기들만 하나. 정권을 지키기 위해서 한 짓이지.

미디어오늘 ●●● 박종철 고문치사 사건을 취재하던 기자들이 취재가 끝나고 회사로 돌아가지 않는 일종의 '파업'을 했다고 들었는데 자세히 설명해달라.

황호택 ●●● 경찰서 출입하던 사건 기자들의 스트라이크였다. 《동

182

아일보》가 석간이었기 때문에 취재를 끝내고 오후 6시 즈음에
회사로 돌아와 회의를 했다. 1월17일에 기자들이 취재를 굉장
히 열심히 했는데 취재한 것의 반의반도 기사로 나가지 못했다.
그래서 기자들이 회사로 돌아오지 않았다. 이 사건이 시경캡,
사회부장, 편집국장에게 보고됐고 '내일부터는 확인된 팩트는
다 실어준다'는 답을 받았다. 대신에 하나라도 사실관계가 틀리
면 큰일 난다는 경고도 있었다.

미디어오늘 ●●● 그래서 실제 이후에는 관련 기사가 많이 보도됐나?

황호택 ●●● 1월19일 신문은 총 12개 지면 중에 5개 면이 박종철
관련 기사로 채워졌다. 당시 사장이 지면을 보고 '지구 최후의
날 같다'고 할 정도였다. 회사에 많은 압박이 가해졌을 것이다.
그런 측면에서 회사가 하루는 치고 하루는 빠지고 했던 방식이
현명했다고 본다. 계속 치고 나갔다면 더 고위층을 통한 압박이
들어올 수도 있었고 편집국장이나 사회부장이 안기부에 끌려갔
을 수도 있었다.

미디어오늘 ●●● 당시 《동아일보》 가판이 40만 부가 팔렸다고 알려
졌다.

황호택 ●●● 당시 《동아일보》가 배달하는 부수가 60만 부였다. 그
러니 40만 부가 가판에서 나갔다는 건 어마어마한 것이다. 신문
을 더 달라고 하는데 윤전기 용량 때문에 신문을 더 못 찍을 정

도였다. 당시 《동아일보》 신문을 보고 '신문이 아니라 대학가
찌라시를 보는 것 같다' 고 한 사람도 있었다. 그 정도로 민주주
의에 대한 시민들의 갈증이 심했다. 분명히 엄청난 사건이 터졌
는데도 다른 신문에서는 관련 기사를 잘 찾을 수 없고 방송뉴스
는 '땡전뉴스' 만 하던 시절이었다.

미디어오늘 ●●● 고문추방캠페인 시리즈가 나갔지만 약간 소강 국
면에 접어들었고 북한의 김만철 일가가 들어오면서 세간의 관
심도 낮아졌다. 《동아일보》도 호외를 냈다. 이에 역사학자 서중
석은 "기성언론으로 돌아왔을 뿐" 이라고 비판했다.

《동아일보》1987년 1월16일자 기사.
ⓒ이치열 기자

황호택 ●●● 김만철 일가 11명이 탈북한 사건은 그 자체로 충격이 었다. 일단 사람들의 관심이 높았을 뿐더러 박종철 사건은 정부 간섭이 심했는데 김만철 사건은 간섭하지 않았다. 결과적으로 정부로서는 백만 원군을 얻은 셈이었다. 물론 박종철은 박종철 대로 쓰고 김만철은 김만철대로 쓰면 되지 않냐는 비판이 있을 수 있다. 하지만 당시 고문경찰 두 명이 구속됐고 사인도 고문 치사로 밝혀졌고 그 이상의 취재가 어려웠던 상황이었다. 그럼 에도 아쉬운 부분은 있다. 당시 구속된 고문경찰 두 명이 계속 억울하다며 가족들에게 하소연을 했는데 그 가족을 취재했더라 면 좋았을 것이다.

미디어오늘 ●●● 그리고 87년 5월에 《동아일보》 기자 132명이 편집 국에서 "민주화를 위한 우리의 주장"을 발표했다. 지금 《동아일 보》와는 분위기가 조금 다르게 느껴지기도 한다.

황호택 ●●● 당시에는 《한겨레》도 없었던 시대라 《동아일보》가 야 당지 역할을 많이 했다. 당시 90퍼센트에 가까운 기자들이 성명 에 서명을 했다. 나는 기사 쓰느라 정신이 없었는데 서명하라고 찾아왔더라. '언론자유나 민주화 다 맞는 이야기인데 기자는 기 사를 쓰고 봐야지'라는 생각을 하면서도 서명은 했다.

미디어오늘 ●●● 박종철 사건 당시 칼럼을 썼던 김중배 전 편집국 장이 1991년 이른바 '김중배 선언'을 하고 회사를 떠났다. 《동아일보》의 야성이라고 해야 하나. 이런 게 점점 줄어드는 느낌이 들었다.

황호택 ●●● 아직도 《동아일보》의 야성이 살아 있다고 생각한다. 김중배 선생은 내가 편집국장으로 모셨던 분이다. 말하기가 조심스럽다. 선생과 생각이 같은 부분도 있고 다른 부분도 있다. 당시 손석춘 기자 등 몇몇 기자들이 선생을 따라 회사를 떠났다. 내가 하고 싶은 이야기가 있을 수 있지만 적절하지 않다고 생각한다. 다만 나는 혁명가도 아니고 혁명가 깜도 못 된다.

미디어오늘 ●●● 《동아일보》 이야기를 하나만 더 하자면, 74년에 동아투위 사건이 있었고 아직도 해결되지 않고 있다. 《동아일보》에 몸 담고 있는 사람으로서 이는 어떻게 보나.

황호택 ●●● 동아사태 당시 제작거부파와 제작참여파가 있었다. 나는 동아투위 사건 뒤에 입사했지만 제작참여파를 선배로 두고 일한 사람이다. 제작참여파들은 '고기가 물을 떠나서는 살 수 없다'는 입장이었고 제작거부파는 '안기부가 들락거리는 이런 분위기에서 뭘 하겠나'라는 입장이었다. 언론의 역할에 관한 가치관이 달랐다. 동아투위 선배들이 민주화에 공헌한 바가 있다고 생각한다. 하지만 그때 나갔던 사람들만 '선'이고 남은 사람들은 '악'이라고 생각하지 않는다. 반대의 도식도 마찬가지다.

미디어오늘 ●●● 다시 박종철 고문치사 사건으로 돌아가 보자면,

당시 사건이 87년 6월 항쟁으로 이어질 것이라고 예상했나.

황호택 ●●● 당시 나는 갓 서른을 넘긴 기자였다. 그 나이에 세상을 알면 얼마나 알겠나. 고문치사 사건이 터졌을 때만 해도 전두환 정권이 무너지리라고는 상상도 못했다. 다만 《동아일보》 간부들 중에서는 '정권이 88올림픽을 치러야 하기 때문에 80년 광주에서처럼 싹쓸이는 못할 것'이라고 생각한 이들이 있었다. 그런 판단 하에서 보도가 가능했다고 생각한다.

미디어오늘 ●●● 《박종철 탐사보도와 6월 항쟁》은 벌써 증보판 5쇄에 들어갔다고 들었다. 달라지거나 추가된 내용이 있나?

황 고문이 2017년 5월 출간한
《박종철 탐사보도와 6월 항쟁》

황호택 ●●● 1판을 쓰면서 고려 끝에 쓰지 않은 사실이 있다. 박종철 군 아버지가 경찰로부터 합의금 9500만 원을 받은 사실이다. 당시에 집 한 채 값이 2000만 원에서 3000만 원 수준이었다. 왜 9500만 원인가 생각을 해보니 '경찰이 억대 합의금을 줬다'는 비판을 안 들으려고 그랬던 것 같다. 유족들이 합의금을 받은 게 나쁘다고 볼 수도 없다. 그래도 1판에는 안 썼는데 이번에 5쇄(2판 1쇄)를 찍으면서 이 내용을 썼다.

미디어오늘 ●●● 마지막으로 하고 싶은 말이 있다면?

황호택 ●●● 언론이 중요한 역할을 했지만 언론 혼자서만 박종철 고문치사 사건의 진상을 파헤쳤다고 생각하면 큰 착각이다. 당시 고문의 현장을 기자에게 이야기해준 의사들, 시신을 바로 화장하지 못하게 한 검사, 교도관 신분이면서도 내부 고발자 역할을 한 사람들, 이를 폭로한 천주교정의구현사제단 신부 등 그런 사람들이 없었다면 '박종철'은 없었다. 다른 의문사들처럼 묻혔을지도 모른다. 박종철 고문치사 사건이 6월 항쟁으로 꽃 핀 데는 그런 양심들이 큰 역할을 했다.

09

2008 촛불, 공영방송을 증명하다

미국산 쇠고기 수입반대 촛불집회

금준경

'괴담론', '배후세력', '폭력집회'
조중동의 낡은 프레임이
무너지다

미국산 소고기, 광우병 위험성에서 안전하지 않다
광우병 위험성과 졸속 협상 폭로, 공영방송의 힘
〈PD수첩〉 대 정부·조중동
촛불시민 대 정부·조중동
그날 이후, '광우뻥' 프레임과 무너진 공영방송

미국산 소고기,
광우병 위험성에서 안전하지 않다

미국산 소고기는 위험하다

체구가 작은 젊은 남자가 나에게 다가와 주섬주섬 무슨 자료를 내밀었다. 두께가 얇지 않은 서류철에는 국영문 자료가 이것저것 섞여 있었다.

초면에 그는 "미국산 소고기는 광우병 위험성에서 안전하지 않다", "소의 치아로 나이를 감별하는 것은 아주 잘못된 것이다"라는 말을 쏟아냈다.

임은경 당시 〈민중의소리〉 기자는 '국민건강을 위한 수의사연대 정책국장'이라는 직함으로 널리 알려진 **박상표 씨와의 첫 만남**을 이렇게 회고했다. 당시는 참여정부 때였던 2006년. 미국산 소고기 수입반대 촛불집회가 열리기 2년 전 일이다. 그때부터 박상표 국장은 여러 언론사를 방문하며 '미국산 소고기의 위험성'을 경고해왔다. 언론조차 문제를 느끼지 못했을 때 그는 뛰고 있었다.

고인이 된 그는 2008년 미국산 소고기 수입반대 촛불집회와 〈PD수첩〉 제작진 재판에 막대한 영향을 미쳤다. 그는 일본 정부 문서, 영국 정부의 광우병 지침서, 미국 농무부 감사 보고서, 해외 광우병 학회지, 국제토론회 자료, 미국 시민단체의 연구보고서 등을 입수하고 분석해 정부의 '프레임'을 깨뜨렸다.

조능희 전 MBC 〈PD수첩〉 CP는 〈추모의 글〉에서 "제작진이 조중동의 왜곡기사와 관변어용의사·수의사, 영혼 없는 공무원들의 얼토당토않은 주장을 법정에서 묵사발낼 수 있었던 것은 거의 박상표 덕분"이라며 감사를 표했다. 그가 〈PD수첩〉 제작 및 재판 과정에서 박상표 국장으로부터 e메일을 통해 받은 자료만 1000통 가까이 된다.

미국산 소고기, 참여정부 때부터 도마에

무엇이 문제였을까. 영국에서 광우병 대란이 휩쓸고 간 이후인 2003년 12월 말, 미국에서 첫 번째 광우병이 발발했다. 한국 정부는 미국과 맺은 '소고기 수입 위생조건'에 따라 미국산 소고기 수입을 즉각 중단했다. 이어 2004년 미국에서 광우병 의심소가 발견됐고, 2005년 텍사스주에서 두 번째 광우병 판정이 내려졌다.

미국은 다급했다. 해외에 소고기를 팔지 못하게 되자 '대책'이 필요했다. 미국은 한·미가 FTA 협상 중이라는 점을 이용한 묘수를 찾았

다. '4대 선결조건'이라는 이름으로 미국산 소고기 수입 재개와 한미
FTA 협상을 연계한 것이다. 한국 정부는 이를 수용해 '30개월 미만
뼈 없는 살코기'를 수입하기로 결정한다. 직후인 2006년 2월, 미국에
서 세 번째 광우병 소가 발견됐다.

당시 참여정부는 '국제수역사무국OIE 기준'이라며 "30개월 미만 살
코기는 광우병으로부터 안전하다"고 강조했다. 국제기구의 권위를
빌린 프레임 전략이었다. 일찌감치 관련 자료를 준비하고 있었던 수
의사 출신인 박상표 정책국장은 시민사회와 함께 정부의 프레임을
무너뜨린다.

소의 나이를 세는 기준인 '월령'은 치아를 통해 감별하는데, 정확도가 15퍼
센트에 불과하다. 참여정부가 정한 기준으로도 30개월 이상 소고기가 들
어올 가능성이 있다.
영국·일본에서 광우병 검사를 실시한 결과 20개월~30개월령 사이 소에서
100건 이상의 광우병이 발생한 사실이 확인됐다.

이렇게 그는 30개월 미만 소에도 광우병 감염 위험성이 있다는 점
을 밝혔다. 또한 그는 OIE가 사실상 미국의 통제 아래에 있고, 미국
의 요구로 광우병 통제국가를 분류하는 기준을 5단계에서 3단계로 바
꿨다는 사실을 공개하며 OIE의 '권위'에도 문제제기를 했다.

광우병 위험성과 졸속 협상 폭로,
공영방송의 힘

촛불집회와 〈PD수첩〉

30개월 미만 미국산 소고기 안전성 논쟁이 이어지던 도중, 정권이 교체됐다. 참여정부는 한미 FTA 바통을 이명박 정부에 넘겨야 했다. 시민사회는 정권이 바뀌었지만 논쟁 양상은 크게 달라지지 않을 것이라고 예측했으나 충격적인 소식을 접하게 된다. 이명박 대통령이 취임 직후인 2008년 4월19일, 부시 미 대통령과의 정상회담을 앞두고 '미국산 소고기 전면 개방'을 발표한 것이다.

최소한 참여정부는 30개월 이상 소고기가 위험하다는 점에는 동의했지만 이명박 정부는 '뼈와 부속물을 포함한 모든 연령의 소고기'를 수입하기로 한 것이다. 또 '수입 중단권'과 '도축장 취소권' 등 검역 권한을 미국으로 넘긴 점도 문제였다.

이명박 대통령은 "값싸고 질 좋은 소고기"라며 '광우병 위험성' 프레임을 봉쇄하고 나섰다. 그러나 제대로 된 소통 없이 내려진, 일방적인 결정이었다. 당시 일본과 타이완은 20개월 미만 미국산 소고기만 수입하고 있었고 중국, 호주는 수입을 거부한 상황에서 한국만 월령 제한을 두지 않았다. 시민들은 납득할 수 없었고, 분노할 수밖에 없었다. 2008년 5월 초부터 중학생, 고등학생들이 광화문에 모여 목소리를 냈다. 촛불집회가 시작된 것이다.

2008년 4월 방영된 MBC 〈PD수첩〉.

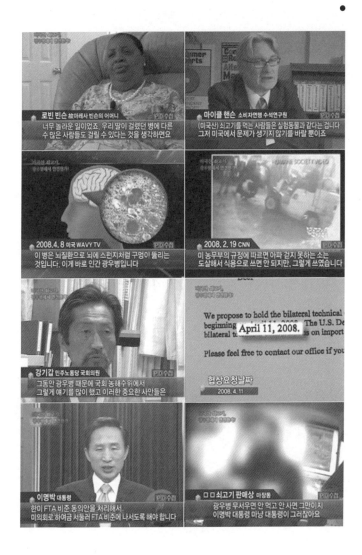

당시 MBC 〈PD수첩〉 게시판에는 미국산 소고기 문제를 취재해달라는 글이 쏟아졌다고 한다. 그때만 해도 〈PD수첩〉은 황우석 박사의 줄기세포 조작을 폭로하는 등 가장 믿을 만한 시사 프로그램이었다. 그렇게 4월29일 MBC 〈PD수첩〉〈미국산 소고기, 과연 광우병에서 안전한가〉편이 전파를 타게 된다.

방송은 충격적이었다. 미국은 소의 0.1퍼센트만 광우병 검사를 하고 있다는 점이 밝혀져 "미국산 소고기가 안전하다"고 단정하는 정부의 주장은 믿기 어려워졌다. 제 발로 서지 못하고 주저앉는 다우너소를 학대하며 도축장으로 끌고 가는 모습은 아직도 많은 사람들의 뇌리에 남아 있다. 이전에도 다우너소 문제가 신문을 통해 관련 문제가 보도된 적은 있지만 영상매체는 활자와는 비교할 수 없는 폭발력을 가졌다.

이 방송을 계기로 촛불집회가 확산된다. 수백 명에서 수천 명 단위로 모였던 집회는 수만 명 규모로 군집하기 시작했으며 절정기였던 6월10일에는 주최 측 추산 70만 명이 참가했다. 최순실 게이트 촛불집회 이전까지 촛불집회로는 최다인원이었다. 이명박 대통령의 지지율은 10퍼센트대까지 떨어졌다. 정부여당에게 MBC와 〈PD수첩〉은 눈엣가시가 됐다.

소고기 졸속 협상의 문제점

〈PD수첩〉이 광우병 문제에 집중했다면 진보언론과 KBS, MBC는 보도를 통해 소고기 졸속 협상의 문제점을 적극적으로 파고들었다. 정부가 권위를 부여해온 OIE가 정작 미국산 소고기가 광우병으로부터 안전하지 않다는 입장을 낸 점도 폭로됐다.

이들 언론과 〈미디어몽구〉, 진보신당 〈칼라TV〉를 비롯한 대안 인터넷 미디어도 가세해 촛불집회 진압 과정에서 군홧발로 시민을 짓밟고 곤봉과 방패로 시민들을 공격하고 직사 물대포를 사용하는 경찰의 과잉진압 문제를 집중적으로 조명했다.

노종면 해직기자가 총괄했던 YTN의 〈돌발영상〉은 뉴스에 나오지 않았던 '뒷이야기'를 풍자 코드를 통해 보도했다. 2008년 5월7일 국회 청문회에서 이계진 한나라당 의원이 "어린학생들까지 이용해 괴담을 조장하고 정치적 선동거리로 접근한다"고 밝혔는데, YTN은 그가 참여정부 시절 농림부장관에게 "대한민국 농림부장관인지 미국을 대변하는 건지 헷갈릴 정도다. 우리가 먹어서는 안 되는 위험한 물질이 있는 광우병소"라고 발언한 대목을 내보내며 '이중성'을 고발했다.

〈돌발영상〉은 논란을 잠재우기 위해 차명진 의원 등 한나라당 의원들이 '미국산 소고기 시식회'를 연 자리에서 한 의원이 "한우보다 맛있네"라는 발언을 한 대목을 카메라에 담아 시민들의 공분을 이끌어내기도 했다. 또한 〈돌발영상〉은 정운천 농림부 장관이 식당 소고기 원산제 표시제를 식당 주인의 '양심에 맡기는' 방식으로 주먹구구로 밀어붙이는 과정을 내보내 실소를 자아내게 했다.

〈PD수첩〉대 정부·조중동

정부와 조중동, '부풀리기' 프레임으로 대응

촛불집회 초기 정부와 조중동은 연합전선을 형성해 〈PD수첩〉을 비난하는 방식으로 대응했다. 정부여당은 연일 MBC 보도를 '왜곡' '허위'로 규정하고 방송통신심의위원회, 명예훼손 및 업무방해 혐의의 형사고발을 통해 '죄가 있는 것처럼' 보이게 했다. 정부의 '부실 협상'과 '불통' 문제를 덮기 위해서도 제물이 필요했던 것이다.

조중동은 동시에 〈PD수첩〉을 정조준하고 나섰다. 〈TV 광우병 부풀리기 도를 넘었다〉(《조선일보》 2008년 5월 2일), 〈광우병 부풀리는 무책임한 방송들〉(《중앙일보》 2008년 5월 2일), 〈광우병 부풀리기 방송, 진짜 의도 뭔가〉(《동아일보》 2008년 5월 9일) 등으로 대동소이한 입장을 쏟아냈다.

그러나 정부와 조중동이 '부풀리기'라고 지적한 대목은 설득력을 갖지 못했다. 첫째, 〈PD수첩〉이 '악마의 편집'을 했다는 주장이다. 다우너소가 모두 광우병에 걸린 소는 아닌데도 〈PD수첩〉이 광우병소로 단정했다는 것인데 이는 자료화면을 본 후 스튜디오에서 사회자가 순간적으로 잘못 표현한 것으로 의도적인 왜곡이라고 보기 힘들었다.

미국에서 인터뷰한 아레사 빈슨의 사인이 '인간광우병'이 아닌데 '인간광우병'으로 왜곡했다는 것도 이들 신문의 공통적인 지적이었다. 결과적으로 왜곡이긴 하지만 유가족도 취재 당시까지는 '인간광

2008년 당시 〈PD수첩〉
광우병 보도 관련 보수신문 사설 제목.

●

東亞日報
"PD수첩이 광우병 공포 조장했다"

東亞日報
광우병 선동세력, 사회 마비-정부 전복을 노렸다

朝鮮日報
PD수첩, '왜곡' 사과없이 변명 방송

朝鮮日報
70일 만에 다시 한 번 국민 농락한 PD수첩
MBC PD수첩이 15일 PD수첩의 광우병 부풀리기 왜곡·과장   감도 느끼지 못하고 있다는 증거다. 결국 PD수첩 해명은 다시

중앙일보
공영 방송이라면 사회적 책임도 져야

중앙일보
MBC는 PD수첩 징계하고 사과해야

중앙일보
MBC는 언제까지 진실 가리기에 급급할 건가

중앙일보
MBC는 초법적 존재인가

우병'으로 추정했고 미국 사회도 마찬가지였다. 2008년 4월10일 폭스 뉴스 기사 제목 역시 〈버지니아주 22세 여성 인간광우병으로 사망 가 능성〉이었다.

오히려 '조중동의 적은 조중동'이기도 했다. 《동아일보》는 〈PD수 첩〉이 소개한 '한국인 유전형질이 광우병에 취약하다'는 연구가 광우 병의 위험성을 과장했다는 논란을 보도했다. 관련 연구가 논쟁적인 건 사실이지만 분명히 존재했다. 《동아일보》는 2007년 3월23일자에 〈몹쓸 광우병! 한국인이 만만하니?〉 기사에서 "프리온 유전자 분석결 과 미−영국인보다 더 취약하다"고 보도한 바 있다.

"TV 속 '미국 소고기 괴담'은 터무니없이 과장된 내용이 많다"던 《조선일보》는 2004년 1월3일 보도에서는 "슈퍼파워 미국이 세계인의 건강과 직결된 문제까지 자국 이익을 앞세워 힘의 논리를 관철하려는 것 같아 씁쓸하다"고 밝혔다.

괴담론에 안정성까지 강조하려다보니

2003년 12월30일 《조선일보》는 "미국에서 광우병 발발 소식이 알려 진 이후 한국 정부가 취한 수입금지 관련 조치들은 국민의 건강과 식 품안전을 우선적으로 고려해야 하는 한국 성부로서는 당연하고 어쩔 수 없는 것"이라고 지적한 바 있다. 2008년 《조선일보》와는 판이하게 다른 관점이다.

'괴담론' 프레임에서 한발 더 나아가 '안전성'까지 강조하려다보니 무리수가 나오기도 했다. 《중앙일보》는 7월 5일 〈미국산 소고기 1인분에 1700원〉 기사에서 젊은 손님들이 미국산 소고기 판매 식당에서 식사를 하는 모습을 담았으나 사진에 담긴 손님들은 《중앙일보》 기자와 인턴기자로 밝혀져 논란이 불거졌고, 결국 사과했다.

촛불시민 대 정부·조중동

촛불 확산을 배후세력론으로

MBC 〈PD수첩〉 공격이 영향력을 발휘하지 못한 채 촛불집회가 걷잡을 수 없이 확산되자 조중동은 오랜 기간 반복해오던 '낡은 프레임'을 하나씩 꺼내들었지만 대부분 힘을 쓰지 못하고 무너졌다.

'배후세력론'부터 고개를 들었다. 조중동은 5월 7일 전교조를 배후세력으로 지목했다.

> 전교조 교사들은 아이들이 허무맹랑한 거짓말에 넘어가지 않도록 막아 줄 생각을 하기는커녕 아이들의 공포감을 최대한으로 높여 거리로 끌어내려 수단 방법을 가리지 않고 있다《조선일보》.
>
> 학생들에게 터무니없는 불안감을 조장하고 집단행동을 부추긴다면 선생의 자격이 없다《중앙일보》.
>
> 온갖 억측과 괴담으로 아이들에게 공포심을 심어주고 이를 시위에 이용하

는 배후세력을 반드시 찾아내 법정에 세워야 한다《동아일보》).

이후 이명박 대통령은 "1만 명의 촛불은 누구 돈으로 샀고, 누가 주도했는지 보고하라"고 지시했다. 조중동은 민주노총, 참여연대가 주축이 된 광우병대책국민회의 등을 '좌파친북단체'로 규정하며 '배후세력'으로 지목했지만 효과는 없었다. 당시 촛불집회는 특정 조직이 주도해 동원되는 형태가 아닌 시민의 자발적 참여로 이뤄졌기 때문이다. 실제 현장에서는 배후세력으로 지칭되는 이들이 오히려 집회 변방에 머무는 모습이 목격됐다. 무대를 제공하고 행사를 진행한 광우병대책회의의 통제 역시 따르지 않는 시민이 많았다.

배후세력론이 '무리한 프레임'이라는 비판은 《동아일보》 내부에서도 나왔다. 《동아일보》 노동조합은 2008년 7월 공정보도위원회 보고서를 내고 "촛불시위에 담긴 민심은 외면하면서 '좌파－친북단체 개입' 등 '비순수성'을 부각시켜 이후 정당한 비판 보도까지 매도당하는 악순환이 이어졌다"고 자성했다. 《동아일보》 사회부의 한 기자는 "학생들은 광우병 위험에 가만히 있을 수 없어 자발적으로 나왔다고 말했고, 주부들은 식탁 먹을거리를 걱정하며 아이들을 업고 안은 채 촛불을 들었지만 이런 현장 분위기는 지면에 반영되지 않았다"고 밝혔다.

강경 진압 대 폭력 집회
6월10일을 기점으로 집회 참가자가 크게 늘어났을 때 조중동은 집회

2008년 서울시청 앞 광장
촛불집회 모습. ⓒ정철운 기자

를 긍정적으로도 묘사하며 참가자들에게 노골적으로 날을 세우지 않았다. 그러다가 집회 인원이 줄자 기다렸다는 듯이 '폭력 집회'를 적극적으로 부각하고 나서며 '강경 진압'을 부각한 진보언론·공영방송과 대척점에 섰다.

《조선일보》는 6월27일자 1면 기사 〈청와대만 지키는 정권〉을 통해 "한 달 이상 서울 도심이 밤마다 시위대에 의해 점거돼 무법천지가 되고 시민들의 불편과 불안은 극에 달하고 있지만, 현 정부는 무책임하고 무기력하게 눈치만 살피며 숨어 있다"고 지적했다. 최보식 사회부장이 직접 쓴 기사였다. 이날 《중앙일보》 1면 기사는 〈공권력이 짓밟히고 있다〉였다. 두 신문 모두 시위대에 둘러싸여 발길질을 당하고 있는 전경 모습을 담은 《연합뉴스》 사진을 썼다.

집회가 막바지에 폭력적 양상을 보인 것은 사실이지만, 이들 신문의 '폭력집회' 프레임은 직사 물대포, 무분별한 방패 공격 등 전경의 폭력을 외면한 점에서 '반쪽짜리'였다. 또한 왜 집회가 격렬해졌는지에 대한 분석도 빠졌다. 평화 기조를 유지하던 촛불집회는 정부가 '관보 게재'를 강행하며 격렬해지기 시작한 것이다.

독자들은 조중동 프레임에 휘둘리지 않았을 뿐 아니라 직접 미디어의 왜곡에 대항하기도 했다. '조중동 광고 불매운동'을 통해 광고주를 압박했고 《경향신문》 등 진보신문 구독운동을 벌였다. 촛불은 KBS와 MBC로 옮겨가 '공영방송 사수'를 외쳤다.

조중동 프레임이 왜 영향력을 발휘하지 못했던 것일까. 공영방송이

정부에 비판적인 목소리를 내면서 조중동 견제 역할을 했고 인터넷의 등장으로 미디어 환경도 변화했기 때문으로 보인다. 〈다음〉 '아고라' 등 커뮤니티를 통해 문제제기를 확산시켰고, 조중동이 말바꾸기를 하거나 낡은 프레임을 꺼낼 때마다 뉴스 수용자들이 직접 반박했다. 포털 중심의 미디어 유통 환경이 구축되면서 조중동=여론 독점이라는 말은 옛날 얘기가 됐다.

그날 이후, '광우뻥' 프레임과 무너진 공영방송

'광우병'과 '선동'

그러나 2008년 미국산 소고기 수입반대 촛불집회에 대한 오늘날의 인식에는 괴리가 있다. 포털 〈네이버〉에서 '광우병'을 검색하면 '선동'이라는 연관검색어가 뜬다. 〈일간베스트〉는 당시 촛불집회를 '광우뻥'이라고 부른다. 거짓 선동에 사람들이 놀아났다는 것이다. 보수언론도 세월호 집회, 사드배치 반대 집회 등에서 '괴담'을 강조하며 어김없이 2008년 촛불을 근거로써 끄집어낸다.

"그렇게 난리쳤는데 결국 광우병 걸린 사람 한명도 없지 않느냐." 이 말의 힘이 강력한 게 사실이다. 2008년 당시에도 3억 명의 미국인들이 모두 미국산 소고기를 먹고 있는데 광우병 위험성을 강조하는 게 오히려 비과학적이라는 주장도 일리가 있었다.

이에 대해 박상표 국장은 2008년 언론 기고글에서 이렇게 응수한
바 있다.

영국에서 처음으로 광우병이 확인된 것은 1986년이다. 대중은 미친소를
사람이 먹는 것은 위험하다는 것을 직감적으로 깨닫고 영국정부에 과학적
진실을 밝혀줄 것을 요구했다.
하지만 영국정부는 무려 10년 동안이나 '광우병이 인체에 전염된다는 과
학적 증거는 없으며 광우병은 인체에 어떤 위험도 주지 않을 것'이라고 주
장했다.

2008년 4월까지 영국에서는 18만3256마리의 소가 광우병에 걸렸
고 163명이 인간광우병으로 사망했다.
완벽한 조치는 아니지만 촛불집회를 통한 강력한 저항 이후 '월령
제한 없는 소고기'에서 '30개월 미만 소고기'로 수입 조건이 바뀌어
30개월 미만의 소고기만 수입되고 있다는 점도 주목해야 할 변화다.
무엇보다 광우병이 아직까지 '밝혀지지 않은 점이 더 많은 병'이라
는 사실도 감안해야 한다.

유럽연합 일본 등의 국가와 소비자단체는 사전예방의원칙에 따라 GMO
가 인간, 동물 및 환경에 위해성이 없다는 광범위한 증거가 확보될 때까지
는 상업화가 허용돼선 안 된다는 입장이다. 정부로서는 마땅히 안전성이

확실하게 입증될 때까지 허용을 막는 '사전예방의 원칙'을 지녀야 한다(박상표 국장).

공영방송의 '잃어버린 9년'

2011년 〈PD수첩〉 제작진이 대법원에서 명예훼손 '무죄' 판결을 받아낸 것도 같은 맥락이다. 재판부는 "방송은 어느 정도 사실적 근거를 바탕으로 해 미국산 소고기 안전성 문제를 지적하고 정부의 미국산 소고기 수입 협상을 비판한 것"이라고 판시했다. 제작진은 **징계무효소송** 등 관련 재판 7건 모두 승소했다. '광우뻥'이었다면 나올 수 없는 결과다.

그러나 공영방송은 무너졌다. 이명박 정권은 공영방송이 왜곡보도를 했다는 명분으로 공영방송 장악을 본격화했다. KBS 정연주 사장은 끌려 내려왔고 MBC 엄기영 사장은 MBC를 떠났다. 촛불집회 정국에서 정부를 강력하게 변호했지만 영향력이 크지 않았던 조중동은 종합편성채널을 통해 '방송사업'에 진출했다.

2008년 발간된 《MB씨, MBC를 부탁해》에서 김보슬 당시 〈PD수첩〉 PD는 이렇게 지적했다.

민영방송이었다면 〈PD수첩〉은 황우석을 그런 식으로 보도하지 않았을 거란 생각이 들었다. 그리고 〈PD수첩〉도 없어졌을 것이다. 이번 미국산 소고기 방송을 하면서도 프로그램의 제작, 편집에 대한 권한은 공영방송이라

2008년 5월10일 촛불소녀를 취재 중인
MBC 기자의 모습. ⓒ정철운 기자

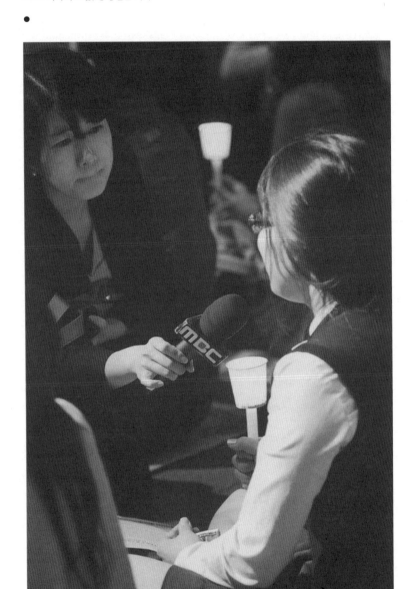

는 울타리 안에서만 보호될 수 있음을 실감했다.

김현진 칼럼니스트는 당시 촛불집회 상황을 이렇게 묘사했다.

촛불집회 현장에서는 MBC 카메라의 인기가 하늘을 찌른다. MBC! MBC!
하며 환호하는 것부터 시작해 카메라에 담기기 무안할 정도의 MBC 찬송
가까지 다양하다. KBS도 요즘 인기가 좋다. 반면에 YTN과 SBS는 조금 홀
대 받고 조중동 기자는 아예 강퇴 당한다.

2016년 촛불집회에서 MBC 취재진은 "엠빙신" 소리를 들으며 쫓
겨나고 MBC로고를 떼고 보도해야 했다. 공영방송의 '잃어버린 9년'
이다.

10

언론, 정신이상자로 여성혐오를 지우다

강남역 살인 사건

정민경

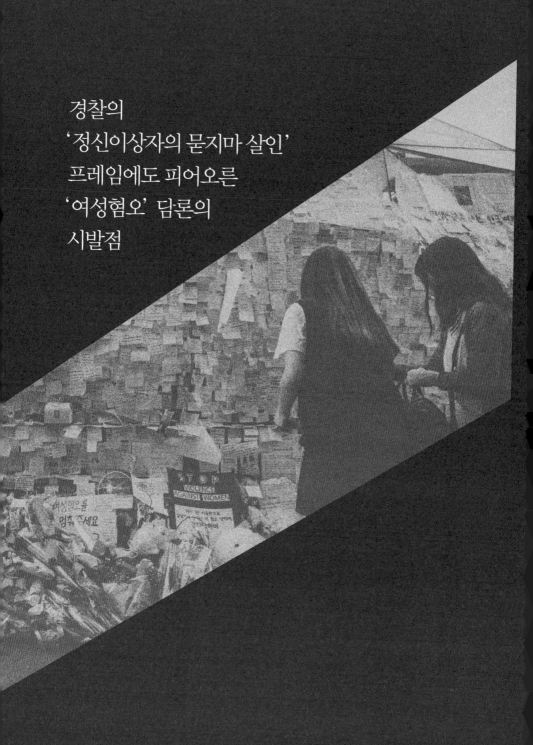

경찰의
'정신이상자의 묻지마 살인'
프레임에도 피어오른
'여성혐오' 담론의
시발점

'조현병 환자의 묻지마 살인' 대 '여성혐오 범죄'

프레임, 사건의 원인을 하나로 좁히는 부작용을 낳다

한 사건을 '프레임'에 넣어 바라볼 경우 사건의 원인을 하나로 좁히는 부작용이 발생한다. 2016년 '강남역 살인 사건'의 경우, '조현병 환자의 묻지마 살인'이냐 '여성혐오 범죄'냐에 대한 논의로 프레임 대결이 펼쳐졌다. 이 대결의 문제는 사건을 '조현병 환자의 묻지마 살인'으로 규정하면서 '여성혐오'라는 프레임은 '틀린' 것처럼 취급하는 데 있다.

이 사건이 '여성혐오 범죄'가 아니라고 주장한 이들은 당시 경찰이 사건을 '묻지마 살인'으로 규정했기 때문에 '여성혐오 범죄'가 아니라고 주장했다. 여성혐오 범죄를 주장한 이들을 향해 비극적 사건을 '여성혐오' 의제에 동원한다고 비난했다.

하지만 하나의 사건에 원인은 여러 가지일 수 있으며, 조현병 환자의 살인이라고 결론이 난다고 해도 여성혐오가 역시 사건의 또 다른 강남역 10번 출구에 붙은 포스트잇.
ⓒ이치열 미디어오늘 기자

원인이 될 수 있다.

'여성혐오 범죄'와 여성들의 일상적 공포

2016년 5월17일 한 남성이 서울 강남역의 노래방 건물 공용화장실에서 한 여성을 살해했다. 해당 사건은 △전혀 알지 못하는 여성을 살해한 점 △범인이 피해자가 오기 전까지 여섯 명의 남성을 그냥 돌려보낸 점 △ 사건 직후 체포된 범인이 경찰에 "여자들이 무시해서 범행을 저질렀다"고 진술한 점 때문에 '여성혐오' 범죄 사건의 요소가 있다고 볼 수 있다.

이 사건이 '여성혐오 범죄'임을 강조한 시민들은 강남역 10번 출구 앞에서 추모행사를 열고, 포스트잇을 붙였으며 '나는 우연히 살아남았다'는 구호를 외쳤다. 추모행렬이 끊임없이 이어졌다. 흉악 강력범죄에 노출되는 여성 피해자가 늘어나는 상황에서 수많은 여성들은 이 사건에서 자신들이 공중화장실을 갔을 때 느꼈던 서늘함이 단순한 우려가 아니었음을 깨달았다.

어쩌면 이 사건을 '여성혐오 범죄'로 명명한 것은 여성들이 느꼈던 일상적 공포였다. 공중화장실을 갈 때 누군가 칸 속에 있지는 않을까 불안했던 순간, 밤에 길을 걸을 때 이어폰을 낄까 말까 망설였던 순간, 엘리베이터를 탈 때 함께 누가 타는지 의식했던 시간들이 모여 만든 공포는 여성들의 일상에 피로감을 더해왔다.

통계 역시 이 공포가 '근거 있는 공포'임을 말해준다. 대검찰청의

2015년 범죄피해 분석 결과에 따르면 1995년 강력범죄(살인, 강도, 강간, 방화)에 노출된 여성 피해자는 전체 7947명 중 29.9퍼센트인 2377명이었고 남성은 5570명이었으나 5년 뒤 2000년에는 전체 피해자 8765명 중 남성 피해자가 2520명으로 뚝 떨어진다. 여성 피해자는 6245명이었다. 이후 여성 피해자는 꾸준히 늘어 2014년 3만4126명을 기록했다. 남성 피해자는 2009년 5649명까지 증가했지만 꾸준히 줄어 2014년에는 3552명이었다.

한국여성정책연구원은 해당 통계를 두고 "강력범죄의 성별 피해자 현황은 강력범죄가 여성을 대상으로 벌어지고 있다는 사실을 극명하게 보여준다"고 분석했다. 특히 성폭력 범죄 피해자의 경우는 여성이 전체 통계의 90퍼센트를 차지할 정도로 극명하게 높다. 2014년 흉악 강력범죄 피해자 3만4126명 가운데 성폭력 범죄 피해자는 2만9863명(87.5퍼센트)이며, 이 가운데 여성은 2만7129명으로 90퍼센트에 달했다.

시민들, 특히 일상에서 무의식적으로 공포를 느꼈던 많은 여성들은 이 사건을 통해 공포의 실체를 알게 됐다. 엄기호 작가는 이러한 시민들의 움직임을 두고 '집단적 각성'이라고 표현했다. "일각에서는 우연한 사고에 과잉 대응한다고 말하지만 오히려 이들이 깨달은 우연은 그 사고가 아니라 자신들의 집단적 운명"이라는 것이다.

집단적 각성, 약자들부터 시작된다

'정신이상자의 묻지마 살인'(?)

여성들이 '강남역 살인 사건'에서 느낀 '집단적 운명'은 이 사건이 '여성혐오 범죄'가 아니라고 주상하는 이들도 느껴봤던 감정일 것이다. 크게 다른 감정이 아니다. 엄기호 작가의 표현을 빌리자면 "세월호에서부터 메르스, 그리고 가습기 살균제 사건에 이르기까지 하나하나 이 계보가 그려지고 있다. 이 국가와 사회가 나를 지켜주지 않을 것이라는 공포와 그리 죽어간 사람들에 대한 슬픔, 그리고 무고한 죽음이 발생할 때마다 사람들의 숨을 턱턱 막히게 한" 것이었다. 이 집단적 각성은 '그 불행한 사건이 언제 내 차례가 될지 모르며, 그 차례는 정확하게 약자들부터 시작된다는 것을 너무나도 잘 알게 하는 사건들'이었다.

그러나 경찰은 범인이 조현병을 앓았다며 '정신이상자의 묻지마 살인'으로 브리핑했다. 2016년 5월23일 강신명 경찰청장은 "혐오는 의지적 요소가 들어가야 한다"며 "이번 사건은 발생 열흘 전 김 씨가 본인이 일하던 장소에서 쫓겨나는 과정에서 여성들이 고자질한 것으로 소위 망상을 하게 돼 피해의식을 느꼈다"고 설명했다. 이어 강 청장은 "김 씨는 '여성을 혐오하지 않는다'고 밝혔다"며 "실체가 없는 망상으로 인한 범행을 혐오 범죄로 보긴 적절치 않다"고 강조했다.

2016년 5월19일 강남역에 붙은 포스트잇.
ⓒ이치열 미디어오늘 기자

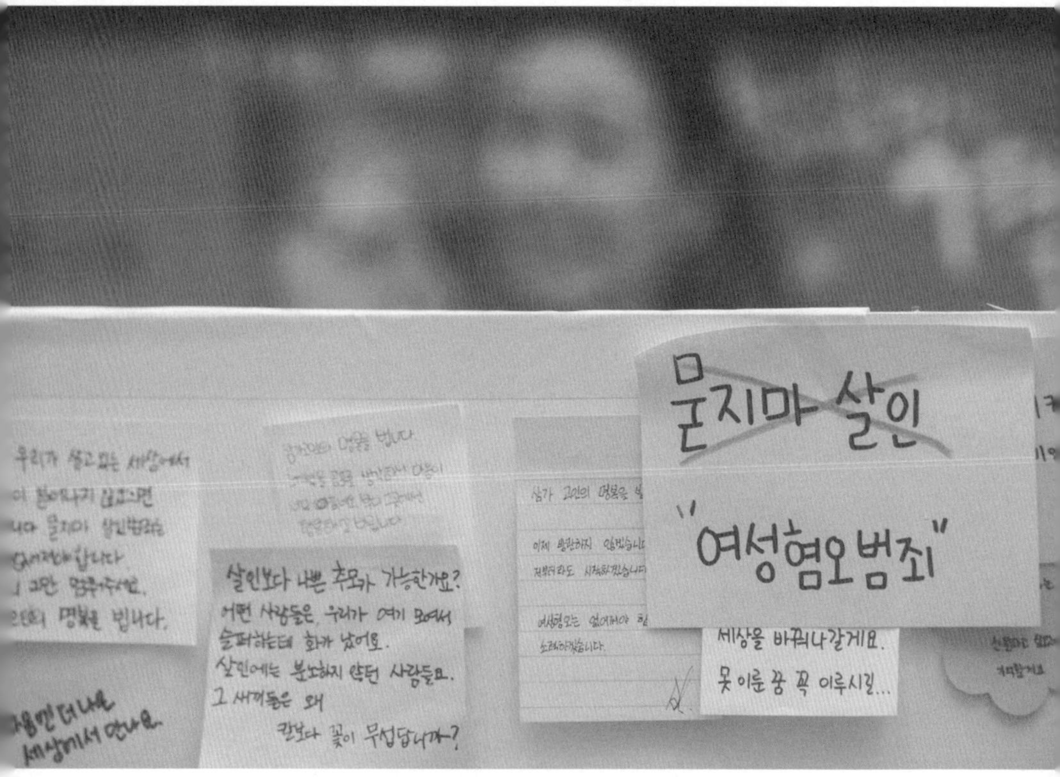

정신병 증상은 사회적 맥락에서 발현된다

'조현병 때문에 발생한 사건'이라는 경찰의 결론을 '여성혐오 범죄가 아니다'라고 해석하기에는 오류가 있다. '조현병'과 '여성혐오'는 배타적인 것이 아니기 때문이다. 전혀 다른 유형의 개념이기에, 두 개념이 동시에 겹쳐질 수도 있는 것이다. 조현병 환자라 하더라도 여성혐오에서 자유로운 것은 아니다.

오히려 조현병 환자의 망상에 낀 여성혐오는 한국사회의 사회문화적 환경을 비췄다. 배은경 서울대 사회학과 교수는 "이 사건이 진짜 조현병 증상 때문에 생긴 거라면, 오히려 여성혐오가 작동한 무의식을 잘 보여주는 것"이라고 설명했다.

조현병 환자의 망상에도 사회학적 맥락이 스며들어 있다. 망상도 인간이 만들어낸 것이기 때문이다. 서천석 정신과 전문의의 설명에 따르면 정신병 증상은 사회적 맥락에서 발현된다. 과거 권위주의 독재 시절에는 많은 조현병 환자들이 환청을 호소하며 중앙정보부가 자신을 미행하고 도청하고 있다는 이야기를 했다고 한다. 1980년대 후반에는 CIA가 자신을 미행한다는 망상들이 많았고 2000년대 이후에는 삼성이 소재가 되는 경우도 있었다고 한다.

마찬가지로 여성혐오 의식이 정신병의 증상으로까지 발전하고 있는 것이다. 그들의 무의식에는 사회현상이 들어가기 때문이다. 때문에 서천석 전문의는 "만약 환자의 망상에 여성혐오가 포함돼 있다면 그 심각성을 인정하고, 사회 전반에 이런 의식이 자리 잡지 못하도록 구조적 개혁을 하고 의식의 변화를 추구해야 한다"고 강조했다.

망상에도 여성혐오가 있을 수 있다

또 한 가지 주목할 점은 가해자가 경찰에서 "여자들이 나를 무시해서 범행을 저질렀다"고 진술한 대목이다. 이나영 중앙대 사회학과 교수는 이 '무시'라는 개념이 가해자가 자신도 모르게 여성혐오적 생각을 드러낸 것이라고 분석한다.

> 조현병에 시달렸던 피의자는 평소 수많은 남성들로부터 어쩌면 더 많은 무시를 당했을지도 모른다. 모욕감과 수치심도 느꼈을 것이다. 비가시적이나 구조적 차별에 많은 피해를 입었을지 모른다. 그럼에도 불구하고, 사회적으로 상대적 약자인 피의자가 '평소 여자들이 나를 무시해서'라고 말했다는 사실은 '내가 무시해 마땅한 너(여자)마저 감히 나(남자)를 무시해?(너는 나를 무시해선 안 된다)'는 생각의 다른 표현이다.
> – 이나영, 《여성혐오와 젠더차별, 페미니즘》, 2016

'강남역 살인 사건'이 조현병 환자의 망상으로 인한 '묻지마 살인 사건'이었더라도, 그 망상에 '여성혐오'가 자리 잡고 있었다는 유추가 가능한 대목이다.

2016년 5월27일 강남역 살인 사건을
여성혐오 범죄로 인정하는 재조사를 요구하는 20대 여성들의
대검찰청 앞 십난행동 모습. ⓒ이치얼 미디어오늘 기자

'조현병 환자의 일탈'인가

경찰 브리핑 받아쓴 언론, 여성혐오를 지우다

사건 당시 많은 언론이 경찰의 브리핑을 그대로 받아 '조현병 환자의 일탈'이라고 보도했다. 해당 프레임은 앞서 지적한 것처럼 한 사건에는 마치 하나의 이유만 있는 것처럼 보이게 하기 때문에 문제다.

《조선일보》의 〈강남역 뒤덮은 추모 포스트잇 5000장〉(5월20일)과 같은 보도가 대표적이다. 이 기사에서 《조선일보》는 "추모의 벽의 엄숙한 분위기와는 달리, 일부 극렬 인터넷 커뮤니티에서는 남녀 간에 성별을 비하하는 볼썽사나운 싸움이 벌어졌다"며 표창원 더불어민주당 의원의 "여성혐오 범죄로 단정하기 어렵다"는 발언을 인용하며 해당 사건이 '여성혐오 범죄'가 아님을 강조했다.

이어 《조선일보》는 경찰이 "(김 씨가) 최근 정신분열 약을 복용하지 않아 증세가 악화돼 범행을 저지른 것으로 추정된다"고 밝혔다면서 "여성에게 무시당해 범행을 저질렀다는 범인의 변명에 현혹되면 안 될 것 같다"는 시민의 발언을 인용했다.

'조현병 환자'만을 강조한 보도는 결국 사건이 '여성혐오 범죄'가 아님을 언급하는 데 사용됐다. 용의자가 조현병, 남성, 30대, 빈곤층 등 다양한 정체성을 가지고 있는 만큼 해당 사건은 '조현병 환자의 묻지 마 살인'이 될 수도, '여성혐오 범죄'가 될 수도 있다. 만약 조현병을 가지고 범죄를 설명하는 것이라면 관련 보도에서는 범죄와 조현병의

상관관계나 인과관계를 정교하게 설명했어야 했다. 하지만 언론은
경찰의 브리핑을 그대로 받아쓰는 데 그쳤다.

브리핑과는 다른 대책안

경찰 브리핑을 그대로 보도한 언론들의 또 다른 문제점은 **경찰의 모
순을 지적하지 않은 것**이다. 경찰은 당시 발표 내용과 이어지지 않는
대책을 내놓았다. 당시 경찰은 "여성의 불안감이 심각한 수준에 이르
렀다"며 '여성 대상 범죄 및 묻지마 범죄를 예방하기 위한 대책'을 발
표했다. 경찰이 발표한 대책에는 △6월1일부터 8월31일 3개월 동안
여성범죄대응 특별 치안활동 △위험인물에 대한 제보 접수 후 순찰
강화 △신변 위협을 받는 여성들에게 위험 상황을 곧바로 알리는 '스
마트 워치' 지급이 포함돼 있었다.

　"여성혐오 범죄가 아니다"라고 발표한 경찰이 '여성 대상 범죄' 대
책을 내놓은 것이다. 모순이다. 물론 경찰은 조현병 환자 등 정신장애
인을 격리하는 대책들도 내놓았다. 경찰이 내놓은 대책은 △여성혐오
범죄가 아니라고 사건을 규정지으면서 여성혐오 범죄 방지 대책을 내
놓은 점 △정신장애인 혐오를 확산하는 대책을 내놓은 점에서 문제가
있다.

　만약 경찰이 발표대로 '조현병 환자의 묻지마 살인'이라면 대책은
여성뿐 아니라 모든 시민으로 확대돼야 했다. 어쩌면 경찰은 '이 사건
은 여성혐오 범죄가 아닌데, 여성들은 발표를 믿지 않고 불안해하기

때문에, 여성 대상 범죄 대책을 일단 내놓겠다'고 판단했을 수도 있다. 하지만 만약 그렇다면, 여성들이 왜 불안한지를 고려해 최종 브리핑을 내놓았어야 했고, 섣불리 "이 범죄는 여성혐오 범죄가 아니다"라고 단정해서는 안 되는 것이었다.

'조현병' 강조하며 정신장애인 혐오 강화한 경찰과 언론

또 다른 문제점은 경찰의 브리핑과 대책이 결과적으로 **정신장애인의 혐오를 불러일으켰다는 점이다.** 경찰은 "이번 사건은 여성혐오 범죄가 아니다"라는 브리핑과 함께 정신장애인 혐오를 조장하는 결과를 만들었다. 정부는 강남역 살인 사건 등에 대한 조치로 '여성 대상 강력 범죄 및 동기 없는 범죄 종합대책'을 통해 여성 범죄에 대한 대책과 함께 정신질환자에 대한 응급입원 조치 실행, 학교에서 조기에 정신질환을 분류할 수 있는 시스템 마련이라는 장애인 혐오를 조장하는 대책을 발표했다.

언론 역시 이런 경찰의 발표를 그대로 받았고, **정신장애인에 대한 공포를 확산시켰다.** 〈묻지마 살인 부른 망상, 국내 50만 명 정신분열증 앓고 있다〉(《뉴스1》), 〈국내 10명 중 1명 정신분열증 환자 … 인권 논란에 관리 어려움〉(MBN), 〈정신분열증 환자 관리 더 이려워져 … 정신보건법은 예방에 역행〉(《연합뉴스》)과 같은 기사가 대표적이다.

심층적 뉴스를 다루는 탐사보도 프로그램도 '강남역 살인 사건'을 보도하면서는 아쉬운 면모를 보였다. 대표적 탐사보도 프로그램 SBS

〈그것이 알고싶다〉 '강남역 살인 사건'편(2016년 6월4일 방영)은 여성혐오 범죄를 부정하고 정신장애(조현병)인의 범죄로 규정해 조현병 환자에 대한 전수조사 등의 대책을 내놓은 경찰의 시선을 거르지 않고 그대로 방영했다. 추가적으로 비판적 관점을 보도하지도 않았다.

언론보도와는 다르게 통계는 총범죄자 중 정신장애인 비율이 0.3퍼센트(2012년 경찰통계연보)라고 말하고 있다. 경찰과 언론은 해당 사건이 '여성혐오 범죄'가 아니라는 것을 강조하기 위해 새로운 먹잇감을 찾은 게 아닐까.

'페미니즘 열풍'의 시발점 된 강남역 살인 사건

'무섭지만 굴하지 않겠다'

강남역 살인 사건 이후 등장한 '페미니즘 열풍'을 적극적으로 받아들인 언론사가 눈에 띄기도 했다. 《한국일보》와 《경향신문》은 당시 '강남역 살인 사건'을 보도하며 여성혐오 등 페미니즘 개념을 적극적으로 확산시킨 언론으로 꼽을 수 있다. '페미사이드'라는 개념을 1면 기사에 등장시킨 《한국일보》의 〈극단 치닫는 여성혐오, 무섭지만 굴하지 않겠다〉(5월20일) 기사는 대표적 사례 중 하나다.

이 기사는 '페미사이드'(여성female과 살해homicide의 결합어, 여자라는 이유로 살해당한 것을 규정짓는 단어) 용어를 설명하며 "우연한 결과로

226

《한국일보》 2016년 5월 20일.

강남역 뒤덮은 '추모 포스트잇 5000장'

19일 서울 서초구 강남역 10번 출구 부근에서 추모객이 붙인 포스트잇이 벽을 이루고 있다. 이 여성은 지난 17일 새벽 이곳에서 400m 떨어진 건물의 한 남녀 공용 화장실에서 정신 질환을 앓는 20대 남성의 흉기에 살해됐다.

서초구 남녀공용 화장실 피살 여성 '추모의 벽' 세워져… "잊지 않겠습니다" 촛불 집회도

극단 치닫는 女혐오… "무섭지만 굴하지 않겠다"

강남역 살인사건과 '페미사이드'

남성들, 여성 지위 향상에 위기
성차별 잔존 넘어 극단 범죄로
공공연히 피해자 향한 댓글까지

희석돼온 그간의 페미사이드를 여성 혐오 범죄로 분명하게 가시화하
겠다는 여성들의 의지와 연대"를 언급했다. 《경향신문》 사회부는 강
남역 10번 출구에 시민들이 남긴 1004개의 포스트잇을 빼곡히 기록
해 책으로 남기는 작업을 진행하기도 했다.

강남역 살인 사건은 여성들이 지금까지 사신만 겪는 줄 알았던 개
별적 공포와 사건들을 한데 모으는 계기가 됐다. '우리에겐 언어가 필
요하다'의 저자 이민경 작가는 강남역 살인 사건의 의의를 가리켜 "여
성혐오 범죄, 증오 범죄 속 여성 대상 범죄로 분류될 첫 번째 사건이
강남역 살인 사건에 빚지고 있다는 데 누구도 이의를 제기할 수 없을
것"이라고 밝혔다.

이민경 작가는 "증오 범죄는 인정하지만 여성혐오 범죄라는 지칭이
본질을 다룰 수 없다는 가치판단 자체에 여성혐오가 깃들어 있다"며
"이 사건에서 '여성'이라는 말을 빼는 것은 존재하는 문제를 직시하지
않으려는 핑계일 뿐"이라고 꼬집었다.

여성주의 액티비즘이 활발해지다

경찰이나 법정의 결론과는 별개로 강남역 살인 사건 이후, 논쟁이 사
라진 것은 아니지만 한국사회는 '여성혐오'라는 개념에 조금 더 익숙
해졌다. 물론 여전히 경찰이나 법정은 강남역 살인 사건의 동기에서
'여성혐오'를 지우고 있다.

대법원은 4월14일 김 씨에게 살인죄로 30년 징역을 선고했지만 판

결문을 보면 '김 씨가 여성을 혐오했다기보다 남성을 무서워하는 성격 및 망상으로부터 영향을 받은 피해의식으로 상대적 약자인 여성을 대상으로 범행했다'고 판단했다. '여성혐오'라는 표현에는 선을 그은 것이다.

그러나 변화가 없다고 볼 수 없다. 강남역 살인 사건을 계기로 '여성혐오'에 대한 담론이 폭발적으로 쏟아져 나왔다. 사건 1주기였던 지난 5월 17일 기사를 살펴봐도 이런 흐름을 알 수 있다. 꾸준히 여성혐오와 페미니즘에 관련된 기사를 내온 《한국일보》와 《한겨레》, 《경향신문》은 강남역 살인 사건을 계기로 페미니스트가 된 이들을 인터뷰하는 기획기사 등을 실었다. 그 외에도 《서울신문》의 〈출근길, 난 오늘도 여혐과 마주쳤다〉, 《국민일보》의 〈1년 전 오늘 스러진 여성인권, 아직도 여성은 무섭다〉처럼 여성들이 일상에서 맞추지는 공포와 혐오를 인정하는 기사들이 종종 접할 수 있다. 《동아일보》도 〈코르셋과 맨박스로부터의 탈피〉라는 칼럼을 통해 "강남역 살인 사건 이후 여성혐오는 더 이상 개인적 고민의 문제가 아닌 사회적 담론으로 대두됐다"고 강조했다.

기사 외에도 각종 미디어와 시민단체를 중심으로 여성주의 액티비즘이 매우 활발해졌다. 강남역 10번 출구 운동 등에서 시작해 페미네트워크, 불꽃페미액션, 리벤지포르노(디지털성범죄)아웃, 페미당당, 페미디아 등 다양한 조직을 결성하고 활발하게 활동하고 있다.

이들은 페미니즘 이슈뿐 아니라 김포공항 청소노동자 투쟁에 연대

《경향신문》2017년 5월17일.

하는 등 사회 이슈와 노동 이슈에도 함께하고 있다. 이 비극적 사건을 계기로 한국사회가 그동안 감추고 지워왔던 '여성혐오'가 드러났고 그에 대한 연대가 확장됐으며 그 연대는 지금도 진행 중이다. 이런 점에서 보면 '강남역 살인 사건'에서 여성혐오 담론을 지우려던 수많은 시도들은 사후적으로, 사실상 실패한 게 아닐까.

11

최초의 국가 주도 언론개혁 전쟁, 승자는

언론사 세무조사

———

정철운

《조선일보》 "언론탄압" 대
노무현 "언론개혁"
프레임의 대충돌
그렇게 '조중동'이
탄생하다

제1차 언론개혁 전쟁
세무조사 결과 공개, 보수신문에 타격
보수신문의 반격과 노무현의 언론개혁 의지
제2차 언론개혁 전쟁
세무조사, 그 후

제1차 언론개혁 전쟁

김대중 정부, 언론사 상대 대규모 세무조사 실시

이른바 언론개혁을 주제로 다룬 여러 차례의 토론에서 사회자 유시민 씨
는 한쪽으로 기우는 진행을 했다는 비판을 들어왔다.

 −〈토론의 기본 안 지키는 TV사회자〉,《조선일보》2001년 4월14일자 사설

2001년 4월12일자 MBC 〈100분토론〉 주제는 '신문고시 누구를 위
한 제도인가'였다. 이날 사회자 유시민 씨가 "신문고시에 대해 찬성하
는 사람으로서……"라고 자신의 입장을 피력해 프로그램 공정성을
훼손했다는 게《조선일보》주장이었다. 하지만 이 사설은 오보였다.
유 씨는 그런 말을 한 적이 없었다. 법원은《조선일보》가 유 씨의 명
예를 훼손했다며 1000만 원 배상 및 정정보도 판결을 내렸다.《조선
일보》는 왜 이런 무리한 사설을 썼던 걸까.

2001년은《조선일보》를 비롯한 주요 종합일간지에게 위기의 시기였다. 김대중 정부는 **언론사를 상대로 대규모 세무조사를 실시했고,** 1998년 12월 폐지되었던 신문고시(신문업에 있어서의 불공정거래행위의 유형 및 기준)를 그해 7월 다시 부활시켰다. 경품을 끼워 팔고 무가지를 주고 신문을 강제 투입하던 종합일간지가 제재 대상이었다. 이런 가운데《한겨레》등 진보언론은《조선》·《중앙》·《동아일보》(조중동) 등 보수신문으로 '공세의 필봉'을 향했다.

언론사 세무조사, '언론 길들이기' 프레임으로 맞서다

바야흐로 2001년은 김대중 정부의 '언론개혁' 선언 이후 지상파3사 (KBS·MBC·SBS), 조중동3사, 한경대3사(《한겨레》·《경향》·《대한매일》)의 **제1차 언론개혁 전쟁'이** 벌어졌던 역사적인 해다. 그 중심에 언론사 세무조사 사건이 있었다. 세무조사 정국은 안티조선운동을 사회운동으로 확산시키며 언론개혁을 사회적 화두로 올렸다. 정부 차원의 언론개혁 시도가 진중권·강준만 등이 주도하던 안티조선운동과 결합해 폭발력을 갖게 된 결과였다.

김대중 대통령이 1월11일 신년 기자회견에서 언론개혁의 필요성을 언급한 뒤 국세청은 그해 2월8일부터 60일간 23곳의 중앙언론사 세무조사를 실시했다. 당시《조선》·《중앙》·《동아일보》를 비롯한 주요 신문사들은 언론탄압용 세무조사라고 반발했다.

세무조사 정국이던 2월22일자 기사 제목은 일관됐다.

2001년 언론사 세무조사 관련
MBC보도화면 갈무리.

〈언론 길들이기 의심 여지없어〉《중앙일보》

〈정부 주도의 시민운동 곤란 … 세무조사는 언론 길들이기〉《조선일보》

〈언론사 세무조사는 길들이기〉《동아일보》

한나라당 역시 '언론 길들이기'라며 지원에 나섰다. 이에 언론계에
선 '떳떳치 못한 돈이나 탈세에 얽혀있지 않다면 결코 길들여지지 않
을 것'이라는 반론이 등장했다.

이런 가운데 《조선일보》는 2월 10일 미디어면을 신설해 중앙일간지
가 낸 세금액수를 보도하며 "한겨레, 대한매일 등이 3년간 법인세를
한 푼도 내지 않았다"며 악의적인 보도를 내기도 했다. 국세청은 언론
사의 성실납세 여부와 비영리재단 조사를 진행했고, 4개월에 걸친 세
무조사 결과 23개 언론사에서 1조 3594억 원 규모의 탈루소득이 드러
났다. 세금 5056억 원이 추징됐다.

이 중 조중동 추징액은 2541억 원에 달했다. 그해 6월 공정거래위
원회는 신문시장 불공정거래 조사를 실시해 《동아일보》 62억, 《조선
일보》 34억, 문화일보 29억, 《중앙일보》 25억 원 등 과징금을 부과했
다. 신문사 사주들은 유죄를 받았다.

세무조사 결과 공개, 보수신문에 타격

세무조사, 처음은 아니었다

민주화 이후 세무조사는 김대중 정부가 처음은 아니었다. 앞서 1994
년 김영삼 정부에서도 언론사 대상 세무조사가 있었다. 하지만 결과
가 공개되지 않았다. 세무조사를 정부-언론 간 이면거래로 이용했
다는 비판이 나왔다.

이 때문에 김대중 정부 세무조사 초반 진보언론 진영에서도 세무조
사가 언론사 간 이면거래로 이용될 수 있다는 우려가 나왔다. 그러나
김대중 정부에선 세무조사 결과가 공개됐다. 이는 언론사의 도덕성
에 결정적 타격을 줬다.

세무조사 결과로 인한 《조선》·《중앙》·《동아일보》의 충격은 상당했
다. 신문시장의 70퍼센트를 독점하고 있던 이들 신문권력은 당시 국
면을 '언론탄압'으로 명확히 규정한 뒤 돌파구를 찾으려 했다. 일례로
《조선일보》는 2001년 7월2일 여당의 '새 정부 언론정책보고서'를 입
수했다며 집권 초부터 정부여당이 신문 제압을 구상했다고 주장하기
도 했다.

《한겨레》, 언론권력을 해부하다

보수신문을 위태롭게 만든 건 정부뿐만이 아니었다. 《한겨레》는 〈심
층해부 언론권력〉 시리즈를 내보내며 '선수'로 뛰어들었다. 당시《한

2001년 6월20일 국세청의
언론사 세무조사 결과 발표 모습(오른쪽). ⓒ연합뉴스

겨레》는 "그간 성역에 감춰져 있던 언론권력의 일그러진 모습을 파헤
침으로써 과연 족벌언론들의 논리가 타당한 것인지, 독자들에게 올바
른 판단 근거를 제공하고자 한다"며 포문을 열었다.

　당시《한겨레》보도는 그간 뉴스 수용자들이 접할 수 없었던 《조
선》·《중앙》·《동아일보》사주들의 친일 행각과 각종 논란이 등장했
다. 이와 관련 한나라당 언론장악저지특별위원회는 2001년 3월15일
"정부기관이 일부 언론에 특정 신문을 공격하는 자료를 제공하고 있
다"며 김대중 정부–한겨레 유착설을 들고 나왔다.《월간조선》은 그
해 4월호에서 〈한겨레 종합분석〉이라는 안기부 문건을 보도하며 "《한
겨레》는 친북 성향 보도 및 좌익세력 지원으로 《로동신문》 서울지국
이란 평을 듣고 있다"는 문구를 제목으로 뽑았다.

　이에 해당기사를 놓고 MBC 〈손석희의 시선집중〉에서 《월간조선》
기자와《한겨레》기자가 설전을 벌이기도 했다. 당시《월간조선》사장
은 조갑제 씨였다.

보수신문의 반격과 노무현의 언론개혁 의지

종북 배후세력 프레임
조중동에서는 작가 이문열이 구원투수로 등장하기도 했다. 이문열은
그해 7월9일《동아일보》시론에 〈홍위병을 떠올리는 이유〉라는 글을

쓰며 안티조선 등 언론운동진영을 홍위병이라 명명했다. 당시 그는 "어떤 안티운동은 특정 신문만 대상으로 삼았지만 …… 안티운동에서 전형적으로 드러나는 공격성과 파괴성도 우리에게 홍위병을 연상시킨다"고 적었다.

이어 운동 진영의 주장이 정부 주장과 겹친다며 "이면적인 연계를 억측하게 된다"고 썼다. 안티조선운동의 원조는 북한이라는 주장까지 등장했다. 오늘날에도 익숙한 '종북 배후세력' 프레임이다.

만약 김대중 정부의 목적이 언론 길들이기였다면, 김영삼 정부처럼 세무조사를 하되 결과 공표나 처벌을 하지 않았을 것이다. 그러나 김대중 대통령은 그렇게 하지 않았다. 이후 조중동은 김대중의 확고한 적이 되었다. 그리고 노무현은 조중동이 반드시 저지해야 하는 '괴물'과 같았다.

언론개혁 선봉장, 노무현의 '존재감'

건국 이후 최초의 언론개혁 전쟁에서 가장 돋보였던 전사는 노무현이었다. 그는 언론개혁의 선봉장이 되어 신문권력과의 갈등 한가운데에 있었다.

그는 해양수산부 장관 시절이던 2001년 2월 "언론사는 당연히 세무조사를 받아야 한다. 세무조사를 반대하는 언론과 싸울 수 있는 정치인이 필요하다"고 주장하며 조중동의 살벌했던 권력(2002년 기준 3사 유료부수 합계 480여만부)에 주눅들지 않는 모습을 보였다. 그는 취

노무현 전 대통령. ⓒ노무현 재단

재진이 '언론과 전쟁이라도 하자는 것이냐'고 묻자, "못할 거 뭐 있냐"고 대답하기도 했다.

그러자 2월 9일 《조선일보》는 "언론이라는 것이 당장 압살해 버리지 않으면 안 되는 무슨 악마 같은 존재라는 망상에서나 가능한 발상"이라며 노무현을 강하게 비판했다. 이후 조중동은 노무현이 대우자동차 노동자들에게 계란 세례를 맞은 사건을 기사화하지 않는 등 소위 '따돌리기 보도'로 대응했다. 장관직에서 물러난 노무현은 민주당 상임고문 자격으로 그해 6월 7일 《미디어오늘》과 인터뷰에 나서며 언론개혁에 대해 이렇게 설명했다.

언론개혁은 사주의 소유 지분 제한, 편집권과 인사권의 독립이 우선이며, 언론간의 경쟁은 보도의 품질로 이루어져야 한다. 언론사가 배송시스템의 기득권이나 우위를 갖고 경쟁하는 것은 문제이며 공동배송제 등이 필요하다.

2001년 6월 28일 노무현은 전국언론노조 초청강연회에서 이렇게 주장하기도 했다.

세무조사에 대해 언론장악 의도가 아니냐는 문제제기가 있습니다. 정부의 의도는 크게 중요하지 않습니다. 나는 처음 세무조사가 시작될 때 이를 통해 언론을 장악하는 것이 불가능하다고 생각했습니다. 지난 《중앙일보》의 보광 세무조사에서 보았듯이 《중앙일보》는 지금도 건재하고 아직도 정부를 향해서 막강한 공격력을 행사하고 있습니다.

국가의 조세권은 정당하게 행사되는 것이고, 언론은 자신의 약점 때문에
조심스러웠던 보도의 자유를 행사하게 될 것입니다. 각기 정도로 가는 것
입니다. 과거 권력과 언론이 결탁·유착했던 비정상석 상태가 정상직 싱태
로 돌아가는 것입니다. 이것을 놓고 언론장악이니 떠드는 것은 의도적인
모함이라고 생각합니다.

이 같은 노무현의 주장에는 세무조사를 관통하는 김대중 정부 언론
개혁의 명분과 철학이 고스란히 담겨 있다. 보수신문 입장에서 길들
여지지 않는 노무현의 존재는 분명 불편했을 것이다. 이후 노무현은
《조선일보》를 '이회창 기관지'로 규정했고, 11월에는 《조선일보》의 인
터뷰 요청마저 거절했다.

이후 노무현이 대통령이 되고 임기 내내 《조선일보》와의 관계가 어
떠했는지는 독자들이 더 잘 알고 있으리라 본다. 노무현 정부는 보수
신문과 2차 언론개혁 전쟁을 벌었다. 그 결과는 2009년의 비극으로
귀결됐다.

제2차 언론개혁 전쟁

KMS 대 조중동 대 한경대

언론사 세무조사 사건은 방송과 신문과의 갈등, 보수신문과 진보신문 간의 갈등으로 전선이 확대됐다. 세무조사 국면을 계기로 언론사 간 상호비평이라는 성역도 일부 깨지며 '동업자 비판'이 시작됐다. 당시 사건을 계기로 '조중동' 동맹이 공고해졌고 사회적으로도 '조중동'이 라는 용어가 널리 쓰이기 시작했다.

2000년 10월 당시 정연주《한겨레》논설주간은 〈한국 신문의 조폭 적 행태〉라는 칼럼에서 김대중 정부의 남북정상회담을 비판하는 보 수신문을 향해 "남북화해시대에 대한 극도의 혐오와 저항이 사설과 칼럼 곳곳에 피처럼 배어 있다"며 "제왕적 권력을 누리며 조폭적 행 태를 일삼는 세습 수구 언론의 사주들, 이런 조폭 수준의 신문들이 이 땅을 황폐화시키는 상황이 계속되는 한 사랑과 평화는 허망하다"고 주장했다.

그는 여기서 처음 기득권 신문 연합군을 일컫는 '조중동'이라는 말 을 사용하며 '전선'을 그었다. 《동아일보》해직기자 출신의 정연주는 3년 뒤인 2003년 KBS 사장에 오른다. 《동아일보》편집국장 출신으로 《한겨레》사장을 거친 김중배가 2001년 MBC 사장직을 맡으며 전선 은 명확해졌다. KBS와 MBC는 세무조사 관련 소식을 상세히 보도했 다. 이후 공영방송과 보수신문은 적대적 관계를 형성하게 된다. 《한

《조선》·《중앙》·《동아일보》 구독반대 캠페인 광고.

겨레》·《경향신문》·《대한매일》(현 《서울신문》)의 진보성향 논조 역시
조중동을 압박했다.

언론계, 삼국시대로 나뉘다

《중앙일보》는 2001년 7월2일자 사설에서 "방송이 신문을, 이른바 '작
은 신문'이 정권과 같은 입장과 시각에서 일부 '큰 신문'을 매도 일변
도로 몰아붙이는 작금의 사태는 전체 언론 발전을 위해 결코 바람직
하지 못하다"고 주장하기도 했다. 그렇게 언론계는 지상파 3사, 조중
동 3사, 한경대 3사의 삼국시대로 나뉘게 된다.

당시를 두고 책 《안티조선운동사》를 쓴 한윤형은 "김대중 정부의
그 무엇도 인정하지 않으려는 조중동의 파상공세, 이에 대항하는 광
범위한 연합군의 성립은 김대중 정부에게 새로운 선택을 고민하게 했
다"며 세무조사가 이뤄지기까지의 배경을 짚기도 했다. 세무조사 국
면을 통해 동맹은 공고해졌다.

조중동은 명확한 '동지적 관계'를 형성했다. 언론사의 정파성은 강
화되어 특정 진영을 대변하는 '카타르시스 저널리즘'으로 귀결됐다.
비극적이었다.

세무조사, 그 후

보수언론, 보수정권에게 선물 받다

《조선일보》는 2001년 세무조사를 잊지 않고자 노력했다. 2002년 2월
9일자 사설에서 《조선일보》는 "2001년 2월8일은 한국언론사에 치욕
의 날로 기록될 것이다"라고 선언했다. 《조선일보》는 "도대체 언론이
무슨 중죄를 졌기에 1000여명이 142일 동안 언론인의 가족까지 계좌
추적을 하며 사찰을 해야 했단 말인가"라고 주장했으며, "2001년 언
론사 세무사찰은 치밀한 기획과 짜여진 각본에 의해 자행된 탄압공작
이었음이 백일하에 드러나고 있다. 속셈은 현 정권의 대북 정책이나
실정失政을 꼬집는 비판언론 길들이기"라고 주장했다.

　이 신문은 이어 "언론끼리의 편 가르기란 상처를 남기기는 했어도
언론들은 무리한 세무조사를 인내로 감수했고 정신적·육체적 고통도
견뎌냈다. 언론은 결코 꺾이지 않았으며 정권의 의도대로 탈색되지
않았다"라고 주장했다. 이어 "우리는 자유언론이 존재하는 한 2001년
2월 8일에 시발된 김대중 정권의 자유언론 탄압을 영원히 잊지 않을
것이다"라고 밝혔다.

　자유언론 탄압을 영원히 잊지 않겠다던 이 신문사는 1998년 《중앙
일보》가 보광그룹 세무조사를 두고 언론 탄압이라 주장할 때 호응하
지 않았으며, 훗날 KBS·MBC·YTN에 낙하산 사장이 내려오면서 사
회적으로 언론 탄압이라는 비판이 나올 때 역시 호응하지 않았다. 그

리고 2006년 6월 회삿돈을 횡령하고 세금을 포탈한 혐의로 대법원에서 징역 3년 집행유예 4년과 벌금 25억 원을 선고받았던 방상훈《조선일보》사장은 이명박 정부 첫해였던 2008년 8월, 언론사주에 대한 특별사면 및 특별 복권으로 부활한다. 보수신문은 공영방송과의 전쟁을 벌이며 이명박 정부의 언론 장악에 일조했고, 정부로부터 종합편성채널을 선물 받았다.

세무조사 정국이 남긴 것

2001년 세무조사 정국은 무엇을 남겼을까. 이준웅 서울대 언론정보학과 교수는 김대중 정부가 자유주의 규범론과 진보주의 목적론 간의 모순성을 안고 언론개혁에 나섰다고 평가했으며 그 결과 세무조사 전략은 진보·보수 양쪽에서 비판을 받았다고 지적했다. 보수 진영의 격렬한 저항은 말할 것도 없었지만 진보 진영 또한 언론개혁 의제가 국가주도의 세무조사로 변질되며 정권이 직접 언론 통제를 의도한 것으로 비쳐져 언론개혁세력이 정권의 들러리를 선 꼴이 됐다고 지적했다.

그렇다면 2001년 세무조사는 김대중 정부의 실패일까. 우리는 당시 세무조사를 통해 탈세를 비판하던 언론사의 사주가 그 누구보다 열심히 탈세하고 있었다는 사실을 알게 됐다. 정부의 세무조사는 언론운동과 결합되며 언론개혁을 사회적 화두로 끌어올렸으며 '조중동'으로 상징되는 언론권력에 대한 비판적 사고를 가능케 했다. 이는 결과적으로 사회 전반에 언론비평 분위기를 형성시킨 긍정적 측면도 있다.

언론개혁은 미완의 과제로

김대중 대통령은 2009년 한 인터뷰에서 "언론사 탈세조사를 하면서 엄청난 반격을 받았고 보복이 두려워 주눅이 들었으나 이전 정권처럼 타협하지 않았다"고 회고하기도 했다. 우리는 당시 언론사 사주들이 유죄를 받고 고개를 숙였던 장면을 기억하고 있다. 2001년 언론사 세무조사는 언론권력도 견제 받아야 한다는 사실을 일깨워줬다. 그럼에도 건국 이후 최초의 국가 주도 언론개혁 전쟁은 승자도 패자도 없었다고 보는 편이 적절할 것 같다.

문재인 정부 출범 이후 자유한국당에서 '방송장악저지투쟁위원회'를 출범시켰다. 투쟁위원장은 《조선일보》 편집국장 출신의 강효상 의원이다. 16년 전 한나라당 언론장악저지특별위원회가 떠오를 수밖에 없는 대목이다. 이들이 진정 두려워하는 건 과거 보수 정부가 주었던 종합편성채널 특혜 환수일 수도 있고, 대대적인 언론사 세무조사일 수도 있다. 이 경우 이들은 또 다시 2001년 세무조사를 언급하며 언론탄압 운운할지도 모른다.

이런 가운데 언론적폐 청산 요구는 새 정부 들어 거세지고 있다. 이 상황 역시 2001년의 안티조선 국면을 떠올리게 한다. 여전히 언론개혁은 미완의 과제다. 문재인 정부는 시민사회의 요구를 어떤 방식으로 담아낼 수 있을까. 또 다시 전운이 감돌고 있다.

12

황우석을 위한
그 이름,
언론

황우석 줄기세포 논문 조작 사건

김도연

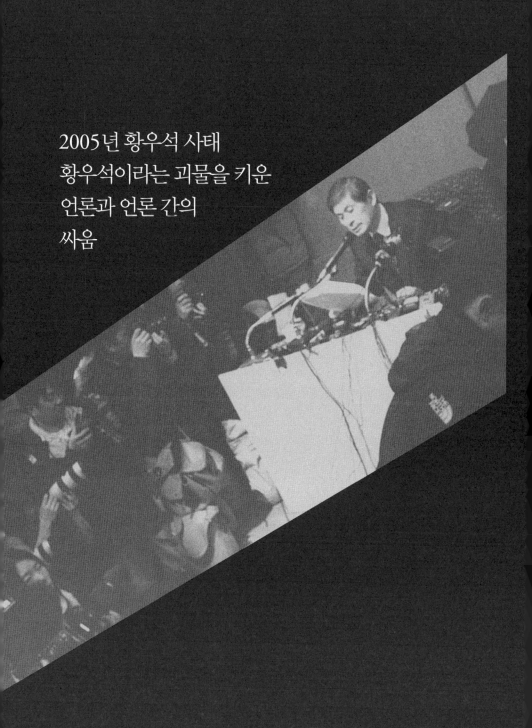

2005년 황우석 사태
황우석이라는 괴물을 키운
언론과 언론 간의
싸움

'황우석' 이라는 괴물을 키운 언론
국가대표 과학자 그리고 국익 프레임
〈PD수첩〉 아닌 언론과의 싸움
어김없이 등장한 '색깔론'
황우석에 홀린 언론인과 학자들

'황우석' 이라는 괴물을 키운 언론

"진실과 국익 중 어느 것이 우선인가요?"

"한PD님, 진실과 국익 중에서 어느 것이 우선인가요?"

2005년 6월, 제보자 K가 물었다. MBC 대표 시사 프로그램 〈PD수첩〉 한학수 PD는 말했다.

"진실을 추구하는 것만이 궁극적으로 국익에 이바지할 수 있다고 생각합니다."

황우석 당시 서울대 수의대 교수(대법원은 2015년 12월 황우석 교수가 서울대를 상대로 낸 파면처분 취소소송 재상고심에서 원고 패소로 판결한 원심을 확정했다)의 '줄기세포 논문 조작' 사건 서막은 극적으로 열렸다.

진실을 세상에 공개하는 것이 얼마나 어려운지, 실체 없는 국익의 진모를 파헤칠 때 마주해야 할 대중의 광기가 과연 무엇을 집어삼킬지, 한 제보자와 저널리스트는 대한민국을 휩쓸고 갈 광풍의 크기를 가늠하기 어려웠다.

저널리스트가 국가가 떠받드는 저명한 과학자를 검증한다는 사실만으로도 그가 속한 언론사는 벼랑 끝에 몰렸고 제보자는 생사의 기로에 섰다. 2005년 '황우석 사태'는 제보자와 저널리스트의 고독한 투쟁이었다. 승리의 달콤함보다는 '정부·언론·학계의 부도덕한 유착'이라는 추악한 민낯을 직시해야 하는 고통이 뒤따랐다.

언론, '황우석 신화'를 밀어주고 끌어주다

황우석은 논문과 학술을 통해 지위를 인정받는 보통의 과학자들과는 다른 행보를 보였다. 그가 사활을 걸었던 건 언론이었다. 그가 연구 계획을 언론에 공개하면 언론은 장밋빛 전망만을 대중에 뿌려댔다. 1999년 복제소 '영롱이'를 시작으로 2005년 환자 맞춤형 줄기세포까지 '황우석 신화'를 밀어주고 끌어준 건 대한민국 언론이었다.

> 아마 2000년에는 우리 앞에 복제된 호랑이가 나타날 것으로 기대합니다. ⋯⋯ 호랑이 난자를 구할 수 없기 때문에 소 난자에다가 호랑이 세포를 결합하는 이종異種핵이식이라는 어려운 기술 과정을 저희가 극복했습니다.
> – 1999년 12월 28일, MBC 〈뉴스데스크〉 황우석 인터뷰

관련 논문도 없고 검증이 이루어진 것도 아니었다. 그럼에도 체세포 복제소 '영롱이'와 '진이'는 언론의 미담이를 장식했다. 이뿐만이 아니었다. 이종異種간 복제 논문이 나오지 않았는데도 황우석 말만 듣

황우석 전 서울대 교수는 논문과 학술을 통해 지위를 인정받는
보통의 과학자들과 다른 행보였다. 그는 언론을 통해 연구 계획을 알렸고
언론은 장밋빛 전망만을 내놨다. ⓒ미디어오늘

고 백두산 호랑이 '낭림이'의 복제를 기대하기도 했다.《조선일보》는 1999년 2월 〈'백두산 호랑이'도 복제한다〉라는 기사로 관련 소식을 전했고《서울신문》도 8월 〈서울대 수의대 黃禹錫교수 '백두산 호랑이 복제한다'〉로 황우석발 기사를 보도했다.

해를 넘겨 2000년 1월《문화일보》도 〈복제 백두산 호랑이 암수 1쌍 올해 탄생〉이라고 썼고 7월엔 〈'복제 백두산 호랑이' 내달 볼 수 있을 듯〉《한국경제신문》이라고 전망했다. '내달'이 지난 9월엔 〈복제 백두산 호랑이 2마리 이달 말 탄생〉《문화일보》, 〈복제 백두산 호랑이 출산 '카운트다운'〉《한국경제신문》 등의 기사가 쏟아졌다. 9월 말 '복제 실패'를 선언한 뒤 황우석이 "2001년 우리의 백두산 호랑이 복제 꿈을 이루고자 한다"며 재시도 의지를 드러내자《조선일보》는 〈'복제 백두산 호랑이' 내년쯤 '어흥'?〉(2000년 10월4일자)이라며 미련을 버리지 않았다.

5년이 지나서도 〈멸종 위기 '백두산 호랑이' 복제할까〉(2005년 5월 26일자《중앙일보》) 같은 기사가 지면을 장식했다. 당시 〈PD수첩〉의 제작PD는 다음과 같이 술회했다.

MBC도 자유로울 수 없었다. 당시 언론들을 취재했을 때 느낀 건 질문할 생각을 하지 않았다는 거다. 그의 말은 진리였고 의심스러워도 질문할 수 없었다고 한다. 황우석의 돈을 받고 움직이는 상황이었고 조선·중앙·동아 는 물론이고 KBS·MBC에서 모두 찬양 기사가 나오니 이상하다고 생각해

도 질문할 수 없는 분위기였다. 출입처 폐해가 극단적으로 나타난 게 황우
석 사태다.

이보다 앞섰던 복제소 '영롱이' 때와 언론의 태도는 달라진 것이 없
었다.

> 황 교수가 '이것이 복제소'라고 한마디 '말'을 하자, 검증되지 않은 그 말
> 은 삽시간에 온 세상에 퍼진 뒤 곧 부정할 수 없는 '진리'가 됐다. 오히려
> 그 복제소를 과학적으로 검증하자는 사람은 민족의 장래에 등불을 밝힌
> 선구자를 모함하는 사람으로 취급받았다. …… 과학과 언론 그리고 정권
> 의 삼각동맹이 어떤 것인가를 가장 전형적으로 드러내는 사건이 바로 영
> 롱이었다.
> – 한학수, 《진실, 그것을 믿었다》(개정판), 385쪽.

국가대표 과학자 그리고 국익 프레임

"과학에는 국경이 없지만 과학자에게는 조국이 필요하다"
당시 황우석 현상에 비판적 입장이었던 우희종 서울대학교 수의과대
학장은 이처럼 말한다.

〈PD수첩〉 2006년 1월10일
"황우석 신화, 어떻게 만들어졌나!" 방송분.

언론은 황우석 교수의 사이언스 논문 조작 사건의 여건을 제공한 측면이 있
다. 복제 동물 논문이 없었음에도 '국가대표 과학자'라고 띄우며 검증을 스
스로 포기했다. 과학 전문 기자들의 전문성은 떨어졌고 취재원과 지나치게
유착했다. 자신들이 과학을 전공했다는 사실에 매몰됐을 뿐 고민이 없었다.
노무현 정부는 과학을 신흥하는 정권으로 자리매김하고자 했고 언론 역시
적극 동조했다. 그때와 비교하면, 현재 과학 보도에서 맹목성은 수그러들
었으나 여전히 '사회'가 아닌 '과학'에만 갇혀 있는 측면이 있다.

거짓은 거짓을 불렀다. 2004년 8월 《매일경제》는 〈청와대 '황우석
지켜라' 특명〉이라는 기사를 통해 황 교수가 미국에서 제의한 1조 원
이상의 연구비를 거절했다고 보도했으나 확인되지 않은 사실이었다.
황우석은 〈PD수첩〉과의 인터뷰에서 "제가 이야기한 바 없다"며 "그
이야기가 어디서 나왔으리라는 짐작을 하고 (그쪽에) 유감을 전달했
다"고 밝혔다. 황우석은 또 2005년 6월 중견 언론인 모임 '관훈클럽'
초청 토론회에서 "과학에는 국경이 없지만 과학자에게는 조국이 필
요하다"는 어록을 남기며 또 다시 언론에 먹잇감을 던졌다.

국익 프레임, 〈PD수첩〉을 마녀로 몰다

견고한 국익 프레임은 2005년 한국사회가 〈PD수첩〉을 마녀로 낙인
찍는 광기와 반지성주의로 '진화'한 배경이다. 그렇다면 왜? 먼저 황
우석이 기자들을 농장으로 초대해 쇠고기 파티를 열거나 추석 때마다

연구원들이 유력 인사들에게 고기 배달을 했다는 증언 등에 비춰보면 '황우석 패밀리' 간의 긴밀한 유착으로 분석해볼 수 있다. 하지만 그 것으로 모든 걸 설명하긴 어렵다. 황우석 보도 선봉에 있던《조선일 보》에 대해《동아일보》기자 출신 이성주 씨는 다음과 같이 말한다.

이번 황우석 사기극 보도에서 언론사 조직의 관료화와 보도 왜곡은 비례 하는 특징이 있었다. ……《조선일보》는 관료화로 인한 횡적 커뮤니케이션 부재가 오보를 양산한 대표적 경우다. …… 황 교수 측은 두 기자(과학·의 학)의 특종 욕구를 100퍼센트 이용해 비중 있는 기사를《조선일보》에 흘렸 다. 두 기자가 다른 신문사의 특종 경쟁에서 계속 경쟁지를 제압하고 편집 국 간부들이 이에 기꺼이 박수를 보내는 상황에서 이 문제에 대해 시비를 건다는 것은 폐쇄적인 신문사 분위기에서 불가능에 가까운 일이다.
– 이성주,《황우석의 나라》, 2006.

황우석을 맹신했던 정부의 국고 지원과 언론의 보도자료 받아쓰기, 조직이 부추기는 특종 경쟁과 언론사 내부 경직성 등 황우석 사태가 터지고서야 언론사들은 제 살에 붙어 곪아버린 종양을 확인했다.

〈PD수첩〉 아닌 언론과의 싸움

대중의 'MBC 사냥' 본격화

수년 간 언론이 쌓아올린 '국익 프레임'은 2005년 정점으로 치닫고 있었다. 황우석은 그해 세계적 국제 학술지 '사이언스'에 줄기세포 논문을 발표했다. 골자는 환자의 체세포를 핵이식해 줄기세포 11개를 만들었다는 것이었다. 줄기세포를 통해 난치병 환자들을 치료할 수 있다는 가능성이 전 국민적 열망으로 전환했다. 〈PD수첩〉 보도 이후 2004년 논문도 조작됐음이 확인됐지만 당시 〈PD수첩〉이 주목했던 것은 줄기세포 11개 진위였다.

보도 전 〈PD수첩〉 취재망이 자신을 좁혀오자 황우석은 2005년 10월31일 한학수 PD와 공식 인터뷰에 응했다. 양측이 세포 인수 계약서까지 작성한 뒤에야 〈PD수첩〉팀은 줄기세포 등을 건네받을 수 있었고 검증을 통해 황우석이 제공한 2번 줄기세포가 논문의 것과 일치하지 않는다는 점 등을 밝혀냈다. 그러나 〈PD수첩〉 제작진 측이 주도한 DNA 검사에 대해 황우석은 "믿을 수 없다"며 재검을 요청하면서도 검사 시한을 미루고 '재검 거부' 의사를 밝혔다.

논문 조작 의혹 전 황우석의 '영광의 갑옷'을 자처하던 언론은 이후 '날카로운 창'으로 MBC를 찌르기 시작했다. 황우석은 〈PD수첩〉을 겨냥해 "한 방송사에서 수개월간 우리 연구팀을 취재하고 있어 어려움을 겪고 있다"고 언론에 정보를 흘렸고 언론은 〈연구팀원이 MBC에

'줄기세포 가짜' 제보〉《경향신문》) 등의 기사로 황우석식 언론 플레이
에 가담했다.

이때부터 대중의 'MBC 사냥'이 본격화했다.

> 언론사에 한 획을 그으면서 성장해 온 15년 전통의 〈PD수첩〉에 중대한 시
> 련이 다가왔다. 'PD수첩〉은 나라를 팔아먹은 역적'이라는 논리가 인터넷
> 을 통해 확산되고 있었다. 미칠 노릇이었다.
> – 한학수, 《진실, 그것을 믿었다》, 445쪽.

〈PD수첩〉의 행위, 군부정권보다 더 '군부적'

〈PD수첩〉의 첫 보도("황우석 신화의 난자 의혹" 편)가 있던 2005년 11월
이후 진보·보수의 일부 논객들은 언론을 통해 공세의 불을 지폈다.
첫 보도는 매매된 난자가 황우석의 실험에 사용됐고 난자 채취 과정
에서 난자 제공자들에 대한 충분한 의학적 조치가 취해지지 않았다는
내용과 함께 연구원의 난자가 실험에 사용됐다는 의혹, 연구의 '비윤
리성'에 초점을 맞춘 것이었는데 보수적으로 제작했다는 제작진 자
체 평가와 무관하게 논객들의 언사는 거칠었다.

> 말하자면 〈PD수첩〉은, 2002년 안정환의 이탈리아전 결승 헤딩골은 카메라
> 사각이어서 제대로 잡히지 않아 그렇지 사실은 안정환의 핸들링이었다는
> 것을 온갖 자료를 동원해 증명해내고 또 손에 닿은 것을 알면서도 아무 말

진실을 세상에 공개하는 것이 얼마나 어려운지,
실체 없는 국익의 진모를 파헤칠 때 마주해야 할 대중의 광기는 무엇을 집어삼킬지,
12년 전 황우석 사태는 이를 적나라하게 보여줬다. ⓒ연합뉴스

하지 않은 안정환은 거짓말쟁이라는 걸 다큐멘터리로 만들어 입증한 꼴.
― 2005년 11월29일, 김어준《딴지일보》총수《매일신문》기고 중

〈PD수첩〉 이후 진보론자들의 의혹 제기를 보면 황우석이라는 세계적 과
학자, 그리고 그가 내놓은 연구 성과에 대한 애정 같은 것을 읽을 수가 없
었다는 점이다. '난치병 치유'라는 목적조차도 정상 참작의 사유가 되지는
못하는 모습이었다. 황 교수팀은 논문 조작을 할 수 있는 범죄 혐의자들로
시종 다루어졌고, 그들을 향한 의혹 제기는 이미 '애정 어린 비판'이 아니
었다.
― 2005년 12월5일, 시사평론가 유창선《오마이뉴스》칼럼

〈PD수첩〉의 행위는 탱크를 앞세워 대학을 점령했던 군부정권보다 더 '군
부적'이다. 군대는 적어도 연구실 외곽에 진을 쳤지만 〈PD수첩〉은 연구실
내부까지 과감하게 진입했다. 연구자. 실험 결과. 시료. 방법 등을 일일이
점검했으며, 성과가 가짜가 아니냐고 다그치기까지 했다. 이쯤 되면, 경계
넘기를 지나 한국의 모든 대학과 대학교수가 방송사의 취재권력에 무릎
꿇기를 다그친 것과 같다.
― 2005년 12월6일, 송호근 서울대 교수《중앙일보》칼럼

어김없이 등장한 '색깔론'

황우석 비판은 노조와 운동권 출신 인사들의 '과욕'
한국 언론이 메시지가 아닌 메신저를 공격하는 현상은 황우석 사태에
서도 반복됐다. 《조선일보》는 2015년 12월 〈스티PD와 노조위원장 출
신 CP의 과욕〉이라는 제목의 기사에서 다음과 같이 썼다.

> 한학수 PD는 학창시절 총학생회 등에서 일하며 PD(민중·민주) 계열 운동
> 권으로 활동했고, 최근엔 민주노동당에 관심을 가져온 것으로 알려졌다.
> 민노당은 황 교수의 윤리 논란을 가장 먼저 공론화한 정당이다. …… 최승
> 호 책임PD(CP)는 〈PD수첩〉 책임 프로듀서 직을 맡기 직전인 2003년 3월
> 부터 2005년 3월까지 MBC 노조위원장으로 재직했으며, 지난 2월 노조위
> 원장 출신인 최문순 신임 사장 내정 당시 성명을 통해 '방송문화진흥회가
> MBC개혁의 적임자로 판단한 결과로 받아들인다'며 적극 환영 의사를 밝
> 혀, 사장과 '코드'가 맞는 인물로 꼽혀왔다.

노조와 운동권 출신 인사들의 '과욕'을 MBC가 제어하지 못했다며
비판한 것이다.
김대중 《조선일보》 고문도 2005년 12월 좌파를 운운하는 데 주저하
지 않았다.

보통 사람들의 의구심은 '황 교수 죽이기'와 '〈PD수첩〉 옹호' 론자들의 진짜 의도는 무엇이며 그들끼리의 어떤 의견 통일 같은 것은 없는 것이냐에 쏠려 있다. 세계적 기준에서 볼 때 좌파의 이념 성향은 일반적으로 지구환경, 낙태, 사형제도, 빈부문제, 노조운동, 학생운동, 생명윤리 분야에서 두드러진다. 한국의 좌파도 그런 성향에 치우쳐 있으면서 유독 반反서울대, 반강남, 반기득권, 반재벌, 반미에 강한 면을 보여 왔다.

– 2005년 12월5일, 김대중 칼럼

'빨갱이'와 '배신자' 프레임

제보자 K도 고초를 겪긴 마찬가지다. 2013년 자신이 제보자 K였음을 밝힌 류영준 강원대 의대 병리학과 교수는 《미디어오늘》에 당시 상황을 상세하게 설명했다.

황우석 지지자들보다 기자들이 많이 괴롭혔다. 언론사 데스크들은 아래 기자들을 풀어 나와 한학수 PD를 추적토록 했고 제보자 색출 기사가 쏟아졌다. 일부 기자들은 밧줄을 타고 창문을 통해 집에 마구 들어오고 그랬다. 기자들의 24시간 뻗치기와 추격전은 기본이었다. 정당한 근거를 가지고 의혹을 제기하는 언론을 힘으로 막는 상황이었고 정부 역시 '막아야 하는 아이템'으로 판단했다. 언론은 한학수와 최승호 PD의 경우 '빨갱이' 프레임으로, 나는 스승을 배신한 '배신자' 프레임으로 족쇄를 채웠다. 황우석에 동조했던 기자들은 황우석을 끝까지 믿었다.

황우석에 홀린 언론인과 학자들

기자, 광풍을 부추기다

> 일부 기자는 퇴장하는 황 교수를 위해 '더 이상 카메라로 찍지 맙시다'라
> 며 배려하는 모습을 보였다. 기자가 취재 현장에서 카메라를 놓는 순간 이
> 미 그는 기자가 아니라는 사실도 잊은 채 몇몇 기자들은 숙연한 자세로 카
> 메라를 놓았다. 그들은 마치 무엇인가에 홀린 사람들 같았다.
> – 한학수, 《진실, 그것을 믿었다》, 493쪽

'광풍'을 부추긴 건 기자였다. 신문 가운데 《조선일보》와 《동아일
보》 등이 기관지 역할을 했다면 방송에선 YTN과 KBS가 황우석을 대
변했다. 미국에서 한학수 PD에게 '황우석이 논문 조작을 지시했다'
고 실토한 황우석팀 김선종 연구원이 YTN과의 인터뷰에서 증언을 번
복하고 도리어 해당 증언이 〈PD수첩〉팀의 협박과 회유(한 PD는 김 연
구원에게 "황 교수가 검찰 수사를 받을 것"이라고 말했을 뿐, 일부 언론 보도
처럼 '황 교수를 죽이러 왔다'는 취지의 발언을 한 적은 없었다)에 의한 것
이라고 주장했는데, 이 보도는 '취재 윤리 위반' 논란으로 한학수 PD
를 포함해 MBC를 벼랑 끝으로 몰아넣었다. MBC의 사과를 받아내
며 판세를 황우석 쪽으로 기울게 한 것이다.

하지만 이 YTN 기자가 황우석으로부터 줄기세포를 받아 검증을 하

고도 황우석팀과 미국으로 떠난 사실이 드러나 '청부 취재' 논란을
불렀다. 황우석의 줄기세포가 잘못됐다는 물증을 가지고도 보도하지
않은 것이다. KBS의 경우 〈일요 뉴스타임〉을 통해 "줄기세포 100퍼센
트 진짜다"라는 내용을 보도하기도 했고 KBS 기자는 "《사이언스》는
일반인이 아무리 돈을 많이 줘도 못 보는 전문지"라고 밝혔다. 일반인
들도 '온라인 사이언스'를 접할 수 있었다는 점에서 노골적인 편향·
왜곡 보도였다.

'취재 윤리 위반' 프레임

MBC 기자들도 '취재 윤리 위반' 프레임에서 자유로울 수 없었다.
MBC 기자들은 2005년 12월 11일 방송이 예정됐던 〈PD수첩〉의 황우
석 논문 조작 의혹 보도를 막기 위해 "방송은 부당하며 사장이 방송을
강행해선 안 된다"는 취지의 결의문을 사장에게 전달했고 보도국 취
재 데스크 부장들은 〈PD수첩〉 방송 시 보직을 사퇴하기로 결의해 논
란을 불렀다.

당시 〈PD수첩〉의 한 PD는 "MBC 기자들은 '보도하면 안 된다'는
결사항전 태세였다"며 "YTN 보도가 나온 뒤에도 〈PD수첩〉 PD들은
'한학수(제작PD)-최승호(CP)-최진용(시사교양국장)' 라인에 대해 확
신을 갖고 있었다"고 말했다. 〈PD수첩〉이 2005년 12월 15일 두 번째
황우석 보도이자 논문 조작 의혹을 제기한 "특집 〈PD수첩〉은 왜 재검
증을 요구했는가?" 편을 방영하기 전까지 황우석이라는 신화는 블랙

황우석 사태를 다룬 영화 〈제보자들〉이 한 장면.
한학수 PD역을 맡았던 박해일(왼쪽)과 제보자 K를 맡았던 유연석(오른쪽).

홀처럼 모든 것을 빨아들였다.

"사람이 바뀌지 않는데 개혁 될까"

황우석은 2006년 4월 서울대에서 파면을 당한 뒤 소송을 진행했지만 대법원은 파면을 확정했다. 또 형사재판에서도 황우석의 특정경제범죄가중처벌(사기) 등에 관한 법률 위반과 업무상 횡령, 생명윤리법 위반 등의 혐의가 일부 인정돼 징역 1년6월과 집행유예 2년을 선고한 원심이 확정됐다. 줄기세포 섞어 심기로 연구 성과를 조작한 김선종 연구원은 업무방해 혐의로 1심에서 징역 2년, 집행유예 3년 형을 선고받았다. 황우석팀 교수들도 벌금형을 선고 받았다.

12년이 지난 지금 황우석 사태는 어떤 의민가. 각종 프레임으로 진실을 호도하는 언론에 대한 개혁 요구가 시대의 과제로 떠올랐지만 개혁은 요원하기만 하다. 제2의 황우석이 등장한들, 12년 전의 우를 범하지 않으리라고 장담할 수 있을까. 제보자 K의 말이다.

황우석 때 신입 기자들은 지금 중견이 됐겠죠. 데스크들은 국장을 달고 있을 거고요. 그런 이들이 지금도 후배들에게 취재 노하우를 전수하고 있겠죠. 사람은 바뀌지 않았잖아요. 언론사 조직은 폐쇄적이고 진입장벽은 높고요. 새 정부가 언론 개혁을 이야기하지만 노무현 정부가 검찰 개혁에 실패했듯 저항도 만만치 않을 것 같아요. 검찰과 언론, 조직 생리가 비슷하죠. 적폐 청산 가능할까요?

[인터뷰]
황우석 제보자
"지금 〈PD수첩〉에 제보하라면? 그냥 죽죠"
'제보자 K' 류영준 강원대 교수
"TV 속 최승호 눈 뚫어져라 봤다…
"MBC 언론인 탄압 피해는 국민들이 입어"

"또렷하게 기억합니다. 2005년 5월31일 밤 11시. 응급실 환자들을 보고 당직실에 축 늘어져 작은 텔레비전을 봤어요. MBC 〈PD수첩〉15주년 특집 프로그램이 나오더라고요. 그들이 걸어온 길을 총 정리해 방영하고 있었죠. '아, 저 사람들도 나처럼 고생하는구나' 싶었죠. 그런데 최승호 선생(전 MBC 〈PD수첩〉 PD·현 〈뉴스타파〉 앵커)이 클로징 멘트를 했어요. '우리가 능력이 없어서 방송을 못 내보낸 적은 있어도 외압으로 못한 적은 없다'고. 의자를 죽 TV 앞으로 끌어와 화면 속 최승호 눈을 뚫어져라 봤어요. 진짜인지 거짓말인지 확인하려고요. 빈말이 아닌 것 같았어요."

제보자 K, 류영준. 33세의 원자력병원 레지던트 1년차. 황우석 전 서울대 교수(이하 황우석) 연구실에서 일을 한 그는 15주년 방송 이후 〈PD수첩〉 제보란에 글을 남긴다. "국제적인 망신이 될 수 있고 제보하는 저도 피해를 볼 수 있는 상황이지만, 부정

2013년 자신이 '제보자 K'였음을 밝힌
류영준 강원대 의대 병리학과 교수(45)는 지난달 28일 서울 잠실역 인근에서
《미디어오늘》과 만나 12년 전 '황우석과 언론'에 대해 증언했다.
ⓒ김도연 기자

한 방법으로 쌓은 명성은 한 줌 바람에 날아가고 진실은 언젠가 밝혀진다는 신념 하나로 이렇게 편지를 띄우니 부디 저버리지 마시고 연락 부탁합니다." '황우석 논문 조작' 사건의 시작이었다.

MBC 〈PD수첩〉이 밝혀낸 '희대의 사기극'은 제보자와 저널리스트의 고독한 싸움이었다. 2013년 자신이 '제보자 K'였음을 밝힌 류영준 강원대 의대 병리학과 교수(45)는 2017년 6월28일 서울 잠실역 인근에서 《미디어오늘》과 만나 12년 전 '황우석과 언론'에 대해 증언했다. 《미디어오늘》이 기획 보도하고 있는 '프레임 전쟁-황우석 편'(《황우석의·황우석에 의한·황우석을 위한 그 이름, 언론》) 보도가 있은 직후였다. 못 다한 이야기를 독자들에게 전하고 싶다는 것.

류영준은 2002년 3월 황우석 실험실에서 석사과정을 시작했다. 기초 의학 연구를 통해 환자 치료에 사용할 줄기세포를 만들 수 있다는 꿈이 있었다. 그러나 복제소 '영롱이'와 '진이' 논문이 부존재하거나 연구원 난자를 실험에 사용하는 등 허구와 비윤리로 점철된 황우석의 실체를 깨닫고 그의 실험실을 떠나 2005년 3월부터 원자력병원 레지던트로 일을 하게 됐다. 언론 제보를 결심한 건 '10살 소년' 때문이었다. 2005년 국제 학술지 《사이언스》 논문이 발표되기 한 달 전 지인으로부터 황우

274

석 팀이 복제 줄기세포 11개를 만들었고 곧 교통사고로 전신마
비가 된 10살 소년에게 검증되지 않은 줄기세포를 주입하는 임
상실험을 준비한다는 이야기를 들었다. 2003년 소년의 체세포
를 직접 떼어 온 이가 그였다. 소년의 줄기세포만은 반드시 만
들겠다는 다짐과 함께.

2005년 6월1일 〈PD수첩〉 제보 이후 그의 삶은 달라졌다. 〈PD
수첩〉 취재 이후 '제보자는 전직 연구원'이라는 보도가 나오기
시작했다. 절도, 환자 정보 유출 혐의로 고소·고발도 이어졌다.
그는 다니고 있던 원자력병원에서 강압적으로 사직서를 써야
했다. 1년 넘게 실직 상태로 있다가 원자력병원 신경외과로 복
직하고자 했지만 받아들여지지 않았다. 결국 병리학과로 전과
를 하고서야 자리를 잡을 수 있다. 기자들은 그의 집과 병원을
둘러싸며 압박해왔고 테러 공포는 계속됐다.

그의 마음을 무겁게 한 것은 '검증하지 않는 언론'이었다. 황우
석의 언론 플레이에 적극 가담해 〈PD수첩〉과 제보자를 공격했
다. 국민의 눈을 막으며 진실을 호도했고 한국 사회를 광풍으
로 몰아넣었다. "당시 (황우석 비호 보도를 쏟아냈던 기자들 가운
데) 단 2명만이 사과의 뜻을 전했다. 그중 한 명은 문자로 보내
왔다. 기자들의 애환도 이해한다. 사과는 하지 않아도 자책
과 자괴감이 있을 거라고 생각한다. 그런 마음도 없었다면 절

망적인데(웃음). 데스크는 시간을 주지 않고 취재 지시를 하달하고 경쟁시켰을 것이고 이 때문에 팩트를 확인하지 못한 채 써야 하는 어려움은 이해한다."

미디어오늘 ●●● '황우석 논문 조작' 사실을 제보한 곳이 MBC 〈PD수첩〉이었다. 왜 〈PD수첩〉이었나?

류영준 ●●● 제보를 실어줄 언론을 찾는 기간이 상당했다. 당시 레지던트로 근무하며 틈틈이 언론을 물색하는 작업을 했다. 당연히 한국의 언론을 공부해야 했다. 중간에 '킬' 하지 않을 언론사를 찾는 건 어려운 일이었다. 《조선》·《중앙》·《동아》는 황우석을 떠받치고 있었고 진보 언론도 노무현 정권에서 자유로울 수 없던 것 같았다. 《한겨레》는 2005년 '제2창간운동'을 하면서 '황우석 교수님과 《한겨레》, 닮았습니까?'라며 광고에 황우석을 활용하기도 했다. 《중앙일보》가 나을까 싶었는데, 황우석을 강하게 지지했던 홍혜걸 기자(《중앙일보》 의학 전문 기자 출신 홍혜걸 씨는 2014년 3월 "나는 지금도 황우석의 진정성을 믿는다"고 말한 바 있다)가 있었다. MBC 보도국의 경우 보도본부장이 황우석의 서울대 수의대 3년 후배였고, 소규모 인터넷 매체로는 안 되는 싸움이었다. 검찰, 국회도 생각해봤지만 제보는 불가능했다. 8~9개월 정도 물색하고 낙담하고를 반복했다. 그러다가 본 게 〈PD수첩〉 15주년 특집방송이었다."

미디어오늘 ●●● 〈PD수첩〉 한학수 PD를 처음 만났을 때는 어땠나?

류영준 ●●● 난 당연히 최승호 PD가 올 줄 알았는데, 한학수 PD(당시 37세)가 왔다. 깜짝 놀랐다. 이 사람을 믿을 수 있을까. 경계심이 들었다. 그래서 물었던 것이다. 'PD님, 진실과 국익 중에서 어느 것이 우선인가요'라고. 한 치의 주저함이 없이 '진실이 국익이라고 생각한다'고 답변했다. 만약 한 PD가 주저했다면, 내 질문에 눈이 돌아가고 머뭇거렸다면 끝났을 것이다. 그의 답변을 들은 뒤부터 제보가 시작됐고 내 마음은 점점 가벼워졌다. 한 PD는 죽을상이었다(웃음).

'황우석 논문 조작' 사건을 파헤쳤던 한학수 MBC PD. 6개월 동안의 취재 과정은 시련의 연속이었다.
ⓒ미디어오늘

미디어오늘 ●●● 아무리 〈PD수첩〉이라도 당시 황우석을 문제 삼는 방송은 장담할 수 없었을 텐데.

류영준 ●●● 방송이 될 거라고 생각 못했다. 나는 이야기했으니 나머지는 '당신이 알아서 하세요'라는 생각이었다. 언젠가는 밝혀질 테니까. 내가 한 PD에게 '1~2년 정도는 준비해야 한다'고 하자 한 PD는 '열심히 하겠다'고 했는데 실제 3개월 만에 우리 업계 이야기를 이해했다. 그는 꼼꼼하고 정확했다. 논리 정연하고 집요한 젊은 PD였다. 그때는 〈PD수첩〉 방송 일정에 맞춰 한 PD가 다른 제작물을 담당하고 있는지 몰랐다. 기존 방송 일정이 진행되는 상황 속에서 황우석 사태를 취재하기 시작했다.

미디어오늘 ●●● 당시 언론은 검증 없이 황우석을 띄우는 데 주력했다. 황우석이 연구 계획을 언론에 흘리면 이를 대서특필하며 장밋빛 전망을 내놨다. '황우석 언론 장학생'이라는 말도 있었다.

류영준 ●●● 자신의 농장에 언론인을 포함한 유력 인사를 초대해 쇠고기 파티를 했다는 것은 널리 알려졌고, 연구원들은 고기 배달에 나서기도 했다. 언론사 사주, 사장, 보도본부장, 본부장 등이 대상이었다. 충청권을 중심으로 그를 지지하는 지역 언론인 모임은 그를 띄우는 데 주력했다. 한 번은 OO일보 데스크가 황우석에게 전화를 한 뒤 '당신, △△일보하고만 노느냐, 우리는 XX이냐'라고 따지기도 했는데 그만큼 황우석이 주는 정보에 언론들이 목말라했다.

황우석과 언론의 유착을 다룬 《동아일보》 출신 이성주 씨의 《황우석의 나라》(2006)를 보면, 그 당시 타락한 기자 사회의 모습을 확인할 수 있다. "연합뉴스, 《경향신문》, 《조선일보》, KBS 등에는 황 교수 장학생으로 불리는 '특별관리 대상 기자'들이 있다. 일부 기자들은 일정한 거리를 두며 비판적 시각을 유지했지만 나머지 몇 명 기자는 그야말로 황 교수가 세운 '홍보대행사' 직원 같은 역할을 했고, 황 교수는 일부 언론인에게 신용카드를 주고 언제든지 고급 술집을 이용하도록 했다. 그런 기자가 황 교수팀이 연구비가 없어 특허를 내지 못하고 있다든가, 국정감사가 연구의 방해가 된다든가, 비밀이 유출될 우려가 있으므로 황 교수가 쓴 돈에 대해서는 영수증을 검사해서는 안 된다는 허무맹랑한 기사를 쓰는 것은 아닐까."

검증은 없었다. 복제소 '영롱이' 보도들도 그랬다. 류 교수의 증언이다. "기자들은 이미 농장에 대기하고 있었다. 출산 장면을 보여주고 '이게 복제소다'라고 하면 끝이다. 복제소임을 증명하기 위해 나온 소의 혈액을 채취하고, 모체와 체세포 제공소와 비교하는 유전자 검사는 불과 하루 걸린다. 논문은커녕 유전자 검사도 하지 않은 시점, 고작 막 출산을 한 시점인데도

'우리나라 최초의 복제소 탄생'으로 보도가 도배됐다. 근거를
확보하려는 노력이 없었던 것이다."

미디어오늘 ●●● 언론은 황우석을 '국가대표 과학자'로 치켜세웠
고 민족주의·애국주의를 조장했다. 황우석 본인도 "과학에는
국경이 없지만 과학자에게는 조국이 필요하다"며 편승했다.

황우석 전 서울대 교수는 논문과 학술을 통해 지위를 인정받는
보통의 과학자들과 다른 행보였다. 그는 언론을 통해 연구 계획을 알렸고
언론은 장밋빛 전망을 내놨다.
ⓒ미디어오늘 자료 사진

'국익 프레임'이 견고했다.

류영준 ●●● 2005년 6월 관훈클럽에서 황우석을 초청해 토론회를 열었는데, 한 기자가 자료 앞에서 '반환점은 돌았다(고 봐도 되나)'라고 말한 것도 기억난다(이 기자는 당시 박방주 《중앙일보》 과학 전문 기자로 그는 토론회 직후 〈줄기세포 실용화 반환점은 넘었다〉라는 기사를 썼다). 언론들의 조급증과 국익 프레임이 견고하게 얽혀 있었다. 천문학적 국부가 창출될 수 있다고 연구기관들이 보고서를 내면 언론은 받아썼다. 황우석은 '미국의 심장부에 태극기를 꽂고 돌아간다'며 한국의 열등감을 자극했다.

미디어오늘 ●●● 황우석을 띄우던 언론은 〈PD수첩〉이 '논문 조작 사건'을 다룬다는 이야기가 입길에 오르고 YTN의 황우석 청부 보도로 한 PD의 취재 윤리가 도마 위에 오르자 MBC를 찌르는 창으로 '진화'했다. 류 교수와 〈PD수첩〉에 대한 뭇매가 쏟아졌는데?

류영준 ●●● 2005년 11월 22일 〈PD수첩〉 첫 방송("황우석 신화의 난자 의혹"편)이 나간 뒤 황우석은 제보자로 나를 지목했다. 방송에 앞서는 《경향신문》과 《조선일보》 등에서 제보자가 '전직 연구원'이라는 기사가 나왔다. 12월 초 원자력병원에서 일하고 있을 때 기자들이 내가 일하는 병동에 카메라를 설치했다. SBS가 처음이었던 걸로 기억한다. 카메라를 설치하면 일을 어떻게 하나. 휴가를 받아 몸을 피했다. 내가 살고 있던 고층 아파트에 로프를 타고 무단으로 침입하던 기자들도 있었다. 담배꽁초 두 개를 베란다에 버리고 갔더라. '넌 악의적 제보자이니 네가 말하는 건 거짓말이고 우리의 행동은 당당하다'는 뜻 아니었을까. 《조선일보》는 황우석을 배신한 제자라는 '배신자 프레임'으로 공격했다.

미디어오늘 ●●● 이후 자신의 보도 행태를 사과했던 기자가 있었나?

류영준 ●●● 이후 《조선일보》를 제외한 대부분 언론은 '황우석 보도'에 대한 대국민 사과문을 실었다. 기자들 가운데서는 단 두 명. 《경향신문》 기자와 《조선일보》 기자였다. 《조선일보》 기자는 사과의 뜻을 담은 문자를 보냈다. 그 문자를 제외하면, 걸출한 '황빠 기자'로부터 받은 사과는 없었다. 일방적인 문자에 대해선 아무런 답변도 하지 않았다.

미디어오늘 ●●● 당시 MBC 내부도 기자와 PD 간 갈등이 첨예했다. 2005년 12월15일 황우석 논문 조작 사건을 다룬 〈PD수첩〉의 두 번째 방송분("특집 〈PD수첩〉은 왜 재검증을 요구했는가?")이 방영되기 전 보도국 기자들은 '〈PD수첩〉 방송을 강행해선 안 된다'는 취지로 결의문을 내는 등 내홍이 정점으로 치닫고 있었다.

류영준 ●●● PD들하고 보도국하고 사이가 좋지 못했던 것으로 기억한다. MBC 보도국에서 '우리도 제보자를 인터뷰하게 해달라'고 요구했고 그래서 보도국 기자 몇 명과 시사교양 PD들이 함께 모였다. 보도국 기자들은 내게 '핫라인을 만들자'고 했다. 상시적으로 연락할 수 있는 핫라인을 만들자는 건데 거절했다. MBC 보도본부장이 황우석 후배라는 사실을 알고 있었고, 기

2005년 12월 기자회견을 열어
황우석 박사 줄기세포 조작 사건에 대한 입장을 밝혔던
당시 〈PD수첩〉의 최승호 CP(왼쪽)과 한학수 PD.
ⓒ미디어오늘

자들이 발제해도 위에서 찍어 누를 수 있다는 우려가 있었다. 한학수, 최승호 PD는 거절해준 것에 고마워했다. 이후 최문순 MBC 사장(현 강원도지사)을 만난 적 있는데 그는 보도국 기자들이 자신을 비토하고 그랬던 데 대해 상처를 받았다고 했다. 논문 조작 국면으로 들어서자 MBC 기자들은 연일 굵직한 황우석 비판 보도를 쏟아냈다.

〈PD수첩〉 보도는 제작PD였던 한학수 PD와 김현기 PD, 윤희영 작가, 김보슬 조연출, 이들을 끝까지 보호하며 보도를 이끈 최승호 CP의 투쟁적 산물이었다. 그러나 2011년 이후 김재철 전 MBC 사장은 MB 정부의 언론 장악 일환으로 〈PD수첩〉을 갈아엎었다. 한 PD가 스케이트장 관리 업무에 배정되는 등 MBC PD들은 제작과 무관한 부서로 좌천됐다. 2012년 '공정 방송 사수' 파업 과정에서 최승호 PD는 해고 통보를 받고 거리로 내쫓겼다. '세기의 보도' 주인공들이 수년째 제작 현장 밖을 떠도는 현실이 MBC의 오늘이다.

미디어오늘 ●●● 황우석 보도를 했던 한 PD는 스케이트장 관리 업무에 배정되는 등(2017년 4월 대법원은 한 PD 등에 대한 사측의 인사가 부당하다는 판결을 내렸다) 지난 보수 정권에서 고초를 겪어왔다.

류영준 ●●● 내가 겪은 한학수는 칼잡이였다. 진실을 파고들고 논리를 검증하는 데 뛰어난 재능이 있던 저널리스트다. 그런 언론인들이 모여 있던 곳이 〈PD수첩〉이었고 내가 제보를 위해 마지막으로 찾은 곳이 〈PD수첩〉이었다. 〈PD수첩〉이 쌓아온 세월과 조직 문화가 훌륭한 저널리스트를 만든 것이다. 그게 언론사의 자산이다. 지금은 어떠한가. 권력에 대해 의혹을 제기하거나 비판하려 하면, 싹을 자르듯 사람을 베어내고 기록을 막아버리지 않나? 언론 탄압의 피해는 사회 구성원들이 보게 돼 있다.

미디어오늘 ●●● 한 PD가 좌천된 뒤 그를 만난 적이 있나?

류영준 ●●● 자주 봤고 그때마다 느꼈다. 언론인은 언론인으로서 역할을 할 때 정체성과 자부심을 느낀다. 지난 몇 년 동안 한 PD는 그걸 부정당했다. 스스로 '나의 존재 의미는 뭘까'라고 계속 묻게 되고 위축되는 악순환이 반복되는 것 같다. 한 조직에 어떠한 위기가 닥치면, 이전의 경험으로 극복하는 게 순리다. 현재 MBC의 젊은 PD들은 어떤 경험으로, 누구와 함께 난관을 극복할까. 지금 MBC 사장님도 한때는 기자 생활 열심히 한 분 아닌가? 그 마음 뻔히 아는 사람들이 정권 유지를 위해 언론인 입에 재갈을 물리는 게 온당한가?

미디어오늘 ●●● 최승호 PD가 해고당했다는 이야기를 들었을 때는 어땠나?

류영준 ●●● 회사가 최 PD를 찍어내려고 지나치게 무리한다 싶었다. 해고 사유도 별 거 없었다(2012년 당시 인사위원이었던 백종문 MBC 부사장은 2014년 극우 인터넷 매체 관계자들을 만난 자리에서

류영준 교수는 《미디어오늘》과 인터뷰에서 "언론의 목적은 진실 추구"라며 "사실이 밝혀질 때 누가 다칠지, 누가 이익을 볼지 따지는 것은 본질이 아니다. 진실을 찾겠다는 초심을 되찾길 바란다. 그래야 다음 세대에 당당하게 우리 역할을 전달할 수 있다"고 강조했다.
ⓒ김도연 기자

최 PD를 증거 없이 해고했다고 밝힌 바 있다). 그가 특별한 잘못을 했으면 모르겠다. 누가 해고를 받아들이겠나? 지금 〈PD수첩〉에 제보를 하면 나는 아마 바로 죽을 거다. 인터뷰는 나가지 못할 것이고. 〈PD수첩〉이 쌓아온 가치가 지금은 완전히 무너졌다.

미디어오늘 ●●● 제보자의 삶은 어떠했는지 총평한다면?

류영준 ●●● 참여연대 공익제보지원센터 모임에 가끔 나간다. 그 자리가 불편할 정도로 다른 제보자들이 겪는 고통과 현실은 말로 설명하기 어렵다. 일부 법이 있지만 제보자를 보호할 수 있는 장치가 미흡하다. 내가 제보자의 전형으로 받아들여지면 안 되는 이유다. 나는 전문가로서 다른 전문가와 정당하게 경쟁할 수 있었다. 전공의 자격증도 따고 대학 교수로도 임용됐다. 내 경우만 따지면 '지원 시스템이 충분하다'고 오판할 수 있다. 다른 제보자들은 충격에서 헤어 나오지 못하거나 가족 관계가 어려워지는 등 여전히 압박과 불안, 핍박 속에 살고 있다.

미디어오늘 ●●● 황우석 사태에서 얻어야 하는 교훈은 뭘까?

류영준 ●●● 비선 진료를 받은 대통령은 그 대가로 의료 규제를 풀어주려고 고군분투했다. 또 재벌과 정부는 유착했고 언론은 국민의 눈을 가렸다. 12년 전 황우석 사태도 마찬가지였다. 권력의 사유화와 정경유착, 언론의 호도가 반복됐다. 그때 언론인들은 여전히 기사를 당당하게 쓰고 있다. '인적 청산'은 이뤄지지 않았다. 인적 청산 없이 적폐 청산은 불가능하다. 언론에 할 말이 있다. 우리는 공부하는 사람들이다. 삶의 목적은 진실 추구다. 언론도 기본적으로 같다. 사실이 밝혀질 때 누가 다칠지, 누가 이익을 볼지 따지는 것은 본질이 아니다. 진실을 찾겠다는 초심을 되찾길 바란다. 그래야 다음 세대에 당당하게 우리 역할을 전달할 수 있지 않을까?

13

불법도청 프레임에 봉인된 X파일, 승자는 삼성이었다

삼성 X파일 사건

———

김도연

삼성X파일,
《조선일보》와
MBC가 만나고
《중앙일보》가
맞서다

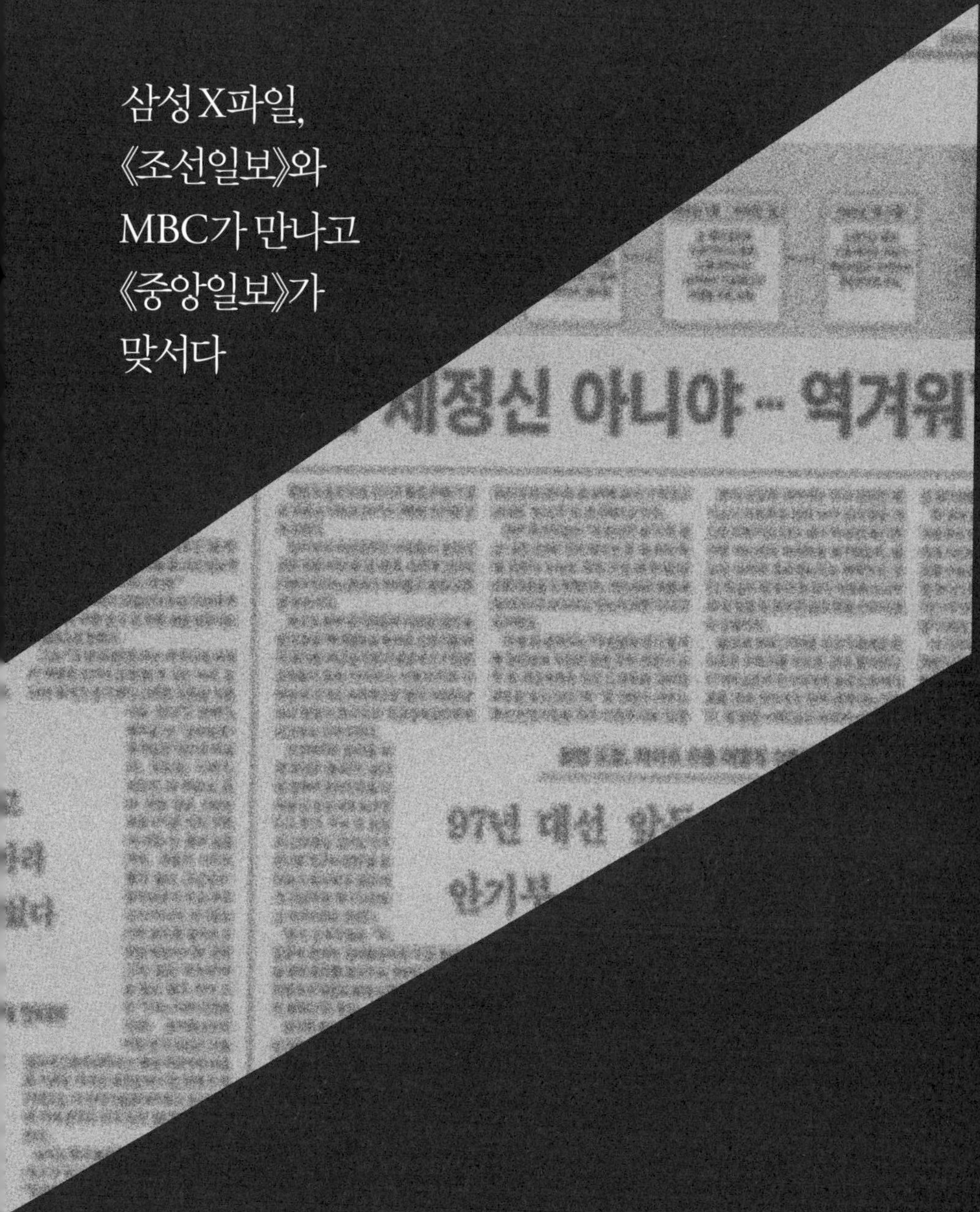

'두 기자 한국을 뒤흔들다'
'우물쭈물 MBC 왜?《조선일보》의 '핵펀치'
《중앙일보》의 철벽 수비, 경제지는 또 "경제위기"
'호기심'으로 치부된 '국민의 알권리'
수많은 '김용철'이 나타나도

'두 기자 한국을 뒤흔들다'

이진동, 이상호 기자가 연 삼성 'X파일'

'최순실-박근혜 게이트'에서 유의미한 보도를 했던 언론인 가운데 이진동 TV조선 사회부장과 이상호 고발뉴스 기자(전 MBC 기자)를 빼놓을 수 없다. 이 부장은 미르재단과 K스포츠재단의 실체를 밝히고 '최순실 의상실 영상'을 방송하는 등 TV조선 특종을 진두지휘했다. 이상호 기자는 전직 대통령 박근혜의 보톡스 시술 등 불법 시술 정황을 보도했다. 박영수 특검이 이상호 기자에게 자료 협조 요청을 했을 정도로 그는 오랫동안 최순실을 추적했다.

12년 전 두 사람은 삼성의 불법 대선 자금 전달 정황 등이 담긴 'X파일'에서 만났다. 이진동 기자는 2005년 7월21일 〈안기부, YS 정부 때 비밀조직 운영 政·財·言(정재언) 인사들 대화 不法도청〉이라는 기사를 통해 당시 소문으로만 존재하던 X파일 실체를 공개했다. 결과적으로 《조선일보》 보도는 1년여 전 제보를 받고 취재를 해왔지만 MBC

X파일 보도를 주도했던 이상호 전 MBC 기자(왼쪽)와
이진동 TV조선 사회부장. ⓒ주간조선

내부 반발 등으로 보도하지 못했던 이상호 기자에 대한 '시그널'이기도 했다.

《조선일보》 보도 직후 MBC 〈뉴스데스크〉도 X파일 보도를 시작했으며 다음날인 7월22일 이상호 기자는 뉴스데스크에 직접 출연해 10개월 동안의 취재물을 공개하기 시작했다. 《주간조선》은 2005년 8월 두 사람을 1972년 미국 워터게이트 사건을 추적했던 《워싱턴포스트》의 젊은 두 기자, 보브 우드워드와 칼 번스타인에 비유하기도 했다.

> 이상호 기자가 설마 했던 X파일이란 대어大魚를 물가로 끌고 왔다면 이진동 기자는 물속에 침잠해 있던 X파일을 수면 위로 건져 올리는 역할을 한 셈이다.
>
> ─《주간조선》 2005년 8월8일자

정·경·언 유착이라는 한국의 폐부를 보여주다

2005년 삼성 'X파일'은 정·경·언 유착이라는 한국 사회의 썩은 폐부를 보여줬다. X파일은 김영삼(YS) 정권 때 국가안전기획부(안기부·현 국가정보원 전신)의 불법 도청 조직인 '미림팀'이 작성한 것으로 결국 최고 권력자를 위한 것이었다. 당시 삼성그룹 2인자 이학수 비서실장이 이건희 회장의 지시를 홍석현《중앙일보》 사장에게 전달하고 홍 사장의 이행 내용을 보고받는 형식으로 구성됐다.

언론이 입수했던 도청 테이프와 이후 보도를 종합하면 쟁점은 네

가지다.

    (1) 1997년 대선을 앞두고 이건희 일가가 100억 원대 비자금을 대선 후보
       들에게 전달했다.

    (2) 삼성은 정기적으로 검찰 간부들에게 수억 원대 뇌물을 전달했다.

    (3) 삼성이 국회에 자신들 쪽 인사를 심고 당대표를 상대로 적절한 대우를
       요구했다.

    (4) 삼성이 기아자동차 인수를 위해 기아의 은행 대출금 수천억 원을 일시
       상환토록 정치권에 로비한 정황이 있고 기아의 도산으로 IMF 파국이
       가속화했다는 것.

  '삼성 X파일'이냐 아니면 '안기부 X파일'이냐, 이 사건 명명을 두
고도 논란이 있었는데 이는 곧 언론의 프레임 전쟁이었다. 국가정보
기관의 전방위 도청의 불법성과 삼성의 불법적인 대선·정치 자금 전
달 및 검찰 매수라는 쟁점이 사건을 구성하는 뼈대였다. 사건 초기 실
명을 거론하며 삼성의 정치 자금 전달 보도에 집중했던 MBC를 제외
하고 대다수 언론이 '불법 도청'에 칼끝을 겨눴다는 점에 비춰보면 X
파일 보도 국면에서 정·경·언 유착의 견고함은 확인됐다.

'우물쭈물' MBC 왜?《조선일보》의 '핵펀치'

"삼성을 감당하기엔 파장이 너무 크다"
시작은 이상호 기자가 받은 제보였다. 이상호 기자는 재미동포 박인회 씨로부터 2004년 10월 제보를 받았고 미국 출장길에 올라 2005년 1월 도청 자료 등 관련 자료를 입수했다. 이후 X파일 존재가 국내에 알려지기 시작했지만 불법 도청 자료라는 성격과 사회적 파문을 우려해 MBC조차 통신비밀보호법 저촉 등의 이유로 선뜻 보도 결정을 내놓기 어려웠다.

당시 내부에선 "사실이라고 해도 독수독과(불법으로 취득한 증거는 효력이 없다는 논리) 아니냐"는 우려와 "이상호 말을 어떻게 다 믿냐"는 식의 이상호 기자 개인에 대한 비토 정서가 강했지만 "삼성을 감당하기엔 파장이 너무 크다"는 반발도 보도에 영향을 끼쳤다.

2005년 국회에 제출된 한국방송광고진흥공사 자료를 보면, 삼성전자는 2003년부터 지상파 방송 광고비의 4.8퍼센트를 차지하며 2002년까지 1위였던 SK텔레콤을 제치는 등 '최대 광고주'로서 영향력을 행사하고 있었다.

이진동 기자의 동물적 감각이 빛나다
이진동 기자는 2005년 6월 중순부터 추적 취재를 시작했다. "X파일의 내용이 대체 뭐기에 내용은 나오지 않고 소문만 무성해 기자로서

호기심이 발동했다. 취재하면 뭔가 큰 게 걸려들지 않을까 하는 직감 같은 것이 생겼다"(《주간조선》 인터뷰)는 동물적 감각이 빛을 발휘한 순간이었다.

이진동 기자는 미림팀장이었던 공운영 씨와 국정원 관계자들을 접촉해 '도청 공작'에 대한 이야기와 도청 테이프 유출과 회수 과정에 얽힌 내막을 접했다. 이진동 기자는 기사를 통해 안기부가 1993년부터 1998년 2월까지 비밀도청팀을 가동해 정계·재계·언론계 인사들에 대해 '출장 도청'을 해왔다고 폭로했다. MBC가 갖고 있는 X파일 역시 안기부의 현장 도청에 의해 작성된 것이라는 사실까지 확인한 보도였다.

이상호 기자는 2012년 7월 펴낸 자신의 저서 《이상호 기자 X파일》을 통해 《조선일보》 1면을 집어 들던 심정을 다음과 같이 술회했다.

(7월21일) 새벽 5시, 조간신문을 봤다. 《조선일보》 1면과 3면에 삼성 X파일과 안기부 도청 문제가 정면 거론됐다. '안기부 YS 때 불법도청' 제하의 기사. 눈을 의심했으나 사실이었다. 애통, 절통, 가슴이 무너진다. 새벽녘 옆집에 배달된 신문을 도둑질해 읽으며 말없이 허물어진다.

언론노조 한겨레지부도 "X파일' 보도의 결과는 《조선일보》의 일방적인 승리로 끝났다. 이번 X파일 취재가 남긴 아쉬움은 《한겨레》가 조선에 완패했다는 결과보다는 전투에 나서보지도 못했다는 과정 자

체에서 더 많이 나온다고 볼 수도 있다"고 자성할 정도로《조선일보》
의 보도는 큰 파장을 일으켰다. MBC에는 "자본의 힘에 눌리고 법적
인 검토에 시간을 보내는 기회주의적인 보도 행태를 보였다"는 비판
이 뒤따랐다.

《중앙일보》의 철벽 수비, 경제지는 또 "경제위기"

《중앙일보》, 《조선일보》·MBC와 대척에 서다

수많은 도청 테이프 중 유독 특정 정치인과 기업, 그리고《중앙일보》에 대
해서만 집중적으로 문제를 삼고 있는 현 상황은 이해할 수 없는 대목이 많
다. 특히 도청 당사자들은《중앙일보》를 매도하고 있는 일부 방송·신문사
들을 거명하며 '그들도 떳떳하지 못하다. 자기들은 정도를 걸어온 것처럼
하는데 정말 역겹다' 고 증언하고 있다.
－《중앙일보》2005년 7월25일자 사설〈다시 한번 뼈를 깎는 자기반성 하
겠습니다〉

《조선일보》·MBC와 대척에 있던 언론은《중앙일보》였다. 자사 사
주의 과거 치부를 드러내는 것이 어려운 일이라고 해도 노골적으로
삼성과 홍석현 전 회장의 대변인 역할을 자처했다. X파일이 담고 있

는 정경유착의 실체보다는 "밝혀져야 할 진실의 첫째는 도청이다. 문제의 본질 또한 그것이 되어야 한다"고 도청의 불법성을 강조했고 "은밀히 도청된 녹음테이프에 실렸다는 사실 하나만으로 사실인 양 아예 치부하는 풍조가 없어져야 한다"고 속내를 드러냈다.

《중앙일보》의 논리대로 검찰은 2005년 12월 이건희, 홍석현, 김인주(삼성 구조조정본부 차장) 등 뇌물 의혹 관계자에게 모두 무혐의 처분을 내린 데 반해, '유포자' 격인 이상호 기자, X파일 녹취록을 실은 김연광 전《월간조선》편집장, '떡값 검사' 실명을 공개한 노회찬 의원(현 정의당 원내대표)에 대해선 통신비밀보호법 위반 혐의로 기소했다.

《중앙일보》, 《조선일보》·《동아일보》를 겨냥

《중앙일보》의 편집은 《조선》·《동아》를 겨냥하기도 했다. 미림팀 팀장이었던 공운영 씨가 전날 SBS와의 인터뷰에서 말한 "《조선일보》·《동아일보》가 지금 제정신이 아니야. 자기들은 가장 정도를 걸어온 것처럼 하는데 나는 정말 그거 보고 역겨워"라는 발언을, 다음날인 7월25일 〈조선·동아 지금 제정신 아니야... 역겨워〉라고 뽑으며 노골적으로 경쟁지를 비난했다.

이에 대해 민주언론시민연합은 "겉으로만 눈 가리고 아옹하는 행태로 사과를 방패삼아 뒤에서는 모든 언론사를 끌어들이는 '물귀신 작전'으로, 또 다른 동업자 카르텔을 형성해《중앙일보》에 겨누어진 화살을 분산시키겠다는 것 이상도 이하도 아니"(민언련 7월25일자 성명

《중앙일보》 2005년 7월 25일자
〈조선·동아 지금 제정신 아니야…역겨워〉.

〈중앙, '삼성-홍석현-중앙' 사슬 끊어라〉)라고 비판했다. 해당 보도 이후 조선·《동아일보》 간부들이 《중앙일보》 편집국에 거센 항의를 쏟아내는 등 조중동 지면은 총성 없는 전쟁터였다.

《중앙일보》는 회장 비호, 경제지는 경제 우려

지면보다 민망했던 것은 홍 전 회장을 비호하는 《중앙일보》 기자들이었다. 2005년 11월12일 홍 전 회장이 김포공항 입국장에 들어서자 기자 수십 명이 홍 전 회장을 뒤쫓으며 입국장은 아수라장이 됐다. 이날 홍 전 회장을 수행하던 이들은《중앙일보》 기자들이었다.

> 다른 기자들과 경쟁하며 그를 '취재' 해야 할 기자들이 이날 열띤 취재를 벌이는 기자들 사이에서 취재원을 경호 또는 수행했다니. 그들 가운데 일부는 한마디라도 더 들으려 홍 전 주미대사를 따라붙는 '동료' 기자들과 몸싸움을 벌이는 모습을 보이기도 했다.
> -《한겨레》 2005년 11월13일자 〈취재 대신 경호하는 기자들〉

'경제 위기가 우려된다' 는 논리는 12년 전에도 그대로였다. 《매일경제》는 8월9일자 사설을 통해 "삼성 이학수 부회장을 소환해 조사에 착수했으니 재계는 더욱 위축될 수밖에 없다"고 우려했으며, 《한국경제》는 2꼭지 모두 X파일 관련 사설을 싣고 X파일 제작 경위는 밝혀 처벌하되 내용을 공개해서는 안 된다고 강조했다. "여론을 핑계로 법

2005년 11월 12일 김포공항을 통해 입국한
홍석현 전《중앙일보》회장이 인기부 불법도청과 삼성 X파일 사건과 관련해
기자들의 질문에 답하고 있다. ⓒ연합뉴스

과 국민의 기본권을 침해하는 일이 벌어진다면 그것은 민주주의의 기반을 무너뜨리는 것과 다를 바 없다"《한국경제》고 주장했지만 실상은 위축된 재계를 전적으로 대변했던 것이다.

'호기심'으로 치부된 '국민의 알권리'

《조선일보》와 《동아일보》의 태세 전환

《조선일보》와 《동아일보》는 X파일 사태 초기 국민의 알권리를 강조하며 정경유착 의혹 해소를 주장했으나 당시 홍석현 주미대사가 사의를 표명하면서부터 도청테이프 공개에 반대 입장을 드러냈다. 프레임이 전환한 것이다.

"도청 문제는 도청 문제대로 또 도청 테이프 속의 대화 내용은 그것대로 밝혀져야 한다"(7월22일자 사설)고 주장했던 《조선일보》는 8월11일자 사설에선 "국민의 알권리라는 것은 헌법 안에서 보장되는 것이지, 헌법을 넘어서, 또 헌법을 위반해서 알권리를 주장할 수는 없는 것"이라고 '태세 전환' 했다. 《동아일보》 역시 8월2일자 사설에서 "도청테이프를 공개하거나 수사 자료로 삼자는 것은 진실을 밝히기 위해 고문을 합법화하자는 주장과 별 차이 없다"고 강조했다.

노무현 대통령도 주류 언론의 입장과 대동소이했다. 노 대통령은 2005년 2월 홍 전 회장을 주미대사에 임명했고 홍 전 회장도 UN 사무총장 출마에 대한 포부를 밝히며 참여정부에 호응했다. X파일 보도 이후 홍 전 회장이 주미대사에서 물러난 뒤 노 대통령은 2005년 8월 X파일에 대해 다음과 같이 규정했다. "정·경·언 유착이라는 것과 도청 문제, 어느 것이 본질이냐는 문제 제기가 중요한지는 모르겠습니다 다만 제게 물으면 도청 문제가 훨씬 더 중요한 문제이고 본질적인 문제라고 생각합니다." 대통령이 불법 도청을 겨냥한 검찰 수사에 가이드라인을 제시했다는 지적이 뒤따랐다.

검찰 수사 결과 놓고 엇갈리는 언론들

검찰 수사 결과를 놓고는 《조선》·《중앙》·《동아》의 입장이 엇갈렸다. 검찰은 2005년 12월 X파일과 관련된 삼성 관계자들에 무혐의 처분을 내리며 "삼성 측이 30~40억 원을 전달한 사실은 인정되지만 회사 자금을 횡령했다는 증거가 없고 삼성 사람들도 이건희 회장 개인 돈이라고 주장하고 있어 처벌하지 못한다"며 "대선자금 수수 관련자들이 하나같이 돈을 주고받는 자리에 언론사 사주는 없었다고 진술했다"고 밝혔다. 이에 《중앙일보》는 "'사생활과 통신비밀'이라는 헌법적 가치의 중요성을 재확인시키는 기회를 제공했다"고 평가했고 《동아일보》도 "(검찰 수사 결과는) '민주화 정권' 가면 속의 음험한 얼굴을 적나라하게 보여준다"고 말했다.

반면, 《조선일보》12월15일자 사설을 통해 "검찰 말대로 삼성이 한나라당 측에 건넨 돈이 회사 돈을 횡령한 것이라는 증거를 찾지 못했다면 검찰은 그 자금이 이 회장 개인 돈이었다는 증거는 확인했는가"
라며 "이것도 저것도 아니라면 검찰은 무엇을 수사했다는 말인가"라
고 비판한 뒤 "삼성 측이 검찰 간부들에게 수백만~수천만 원씩 사례
한 것도 사실이 아니라면 거대 조직의 실력자들인 테이프 속 인물들
이 농담으로 누구에겐 얼마, 누구에겐 얼마를 줄 것인가를 이야기했
단 말인가"라고 비판했다.

　당시 서울중앙지검 2차장검사로서 X파일 수사를 진두지휘했던 황
교안 전 국무총리는 《조선일보》 사설에 대해 "어느 언론이 '검찰은 자
신의 도청수사 결과를 믿는가' 라고 썼던데, 그 문제를 제기한 언론은
의혹을 제기하면서 그 의혹을 믿고 있는지 자문해보고 기사를 쓰라"
고 불편함을 드러내기도 했다.

　이처럼 오락가락하는 논조에 《조선일보》 기자도 곤혹스러움을 드
러냈다. 당시 최보식 기자(현 선임기자)는 8월22일자 자사 지면에 "우
리 신문은 당초 테이프 내용을 밝혀야 한다는 쪽"이었지만 "언제부터
인가 공개에 대해 회의적인 입장이 됐다"고 자성하기도 했다.

이런 변화에 눈 밝은 독자들로서는 혼란스러움을 느꼈을지 모른다. 일각
에서는 우리에게 불리한 내용도 도청 테이프에 포함됐기 때문이 아닌가,
재벌 삼성의 눈치를 보는 것이 아닌가라고 비판한다. 이 같은 근거 없는 오
해는 이 문제에 직면한 우리의 고민을 더욱 깊게 만들고 있다.
　-《조선일보》 2005년 8월22일자 지면 비평 〈X파일의 고민〉

수많은 '김용철'이 나타나도

언론의 '불법 도청' 프레임에 뒤로 밀려버린 삼성 문제

검찰 수사 발표 직후 이상호 기자는 X파일 문제를 공론화하는 데 실패했다고 규정했다. 그는 2005년 12월 《미디어오늘》 인터뷰에서 'X파일이라는 의제를 공론화하고 다양한 담론의 장으로 펼쳐내지 못했다'며 "X파일은 한국 자본주의와 현대 정치사가 정경유착과 관언유착의 시대였다는 것을 말로만이 아니라 실제 속살을 보여준 단적인 사례였으나 이제는 더 이상 윤리적이고 정당한 물음을 던지기 힘들게된 게 아닌가 우려스럽다"고 말했다.

이상호 기자는 특히 언론의 문제를 꺼냈다. "시민사회와 언론이 비윤리적인 거대 자본 삼성에 의한 정치권의 예속과 언론 문화적 조작과 세뇌, 공권력을 관리하는 행태 등에 대해 다양한 시각에서 차곡차곡 풀어내지 못했다"는 것이다. 견고했던 언론의 '불법 도청' 프레임에 정작 삼성의 문제는 뒤로 밀려버린 것이다.

최대 광고주 삼성 앞에서는 순한 양이 되는 언론

2007년 10월 김용철 변호사(전 삼성그룹 구조조정본부 법무팀장)와 천주교정의구현전국사제단이 △삼성의 조직적인 비자금 조성 및 탈세와 이를 감추기 위한 회계조작 △경영권 불법 세습 및 이 과정에서 저지른 법정 증거 조작 △정·관·법조·언론계에 대한 광범위한 불법 로비

김용철 변호사가 2007년 11월26일
서울 제기동 성당에서 기자회견을 열고 삼성 비자금 관련 문건을 공개하며
관련 내용을 폭로하고 있다. ⓒ미디어오늘

등을 폭로하며 '삼성 비자금 및 로비 의혹'이 재점화됐다. 그러나 최대 광고주 삼성 앞에서 언론의 태도는 달라지지 않았다.

10년이 지나 언론은 최순실·박근혜 국정농단의 몸통으로 지목된 이재용 삼성전자 부회장을 다시 마주하지만 이 부회장 구속 소식에 주류 언론은 "한국서 사업하는 것은 감옥 담벼락을 걷는 것과 같다", "이재용 구속, 한국경제도 꽁꽁 묶였다"며 분개할 뿐이다. 김용철 변호사는 한국 언론에 대해 다음과 같이 말했다.

일간지 중에서는 《한겨레》가 자세히 보도했다. 그리고 시사주간지 《시사IN》이 내 인터뷰 내용을 자세히 소개했다. 온라인 매체 중에는 《프레시안》, 《오마이뉴스》 등이 회견 내용을 충실히 전했다. 영향력이 약한 매체들이 주로 보도한 셈이다. 다수 언론은 오히려 나를 비난했다. …… 언론이 신정아 씨 사건을 파헤치던 노력의 십분의 일만 이건희 비리를 파헤치는 데 썼더라면, 어떤 결과가 나왔을까. 양심고백을 다룬 언론 보도를 접하면서, 가끔 든 생각이었다.
– 김용철, 《삼성을 생각한다》, 2000, 37·39쪽.

14

"이게 다 햇볕정책 때문이다"

제1차, 제2차 남북정상회담

금준경

보수세력 위기 때마다
북한 호출하고
'안보상업주의' 일관한
보수신문

金正日본처 西7

獨島근海·空합훈

'선거자금 공정 분배해야'

"3월달 이전-빠

◇언니成惠琳씨의 피아

노무현·김정일 무엇을 위해 만나나

남북정상회담을 겨냥한 보수 언론은
햇볕정책 국면, 대결 부추기고 평가절하
반복되는 '색깔론'과 '퍼주기' 프레임
위기 때마다 불렀던 그 이름, '북한'
북한, 문제인 건 맞지만 대화도 필요해

김정일 국방위원장이 8월 28~30일
...다고 양측에서 동시에 발표했다.
...리부터 대통령의 완팔이란 측근까지
...중국을 계속 드나들며 북한에 남북
...려 온 것은 주지의 사실이고 얼마 전
... 될 것이란 예상까지 나온 바 있다.
...한 ...권의 이런 진찰으로 볼 때 2000

북 정상회담이 이런 식으로 되고 정작 한반도 ...
발점인 핵문제는 비켜 간다면 이번 남북 정상회...
국에 재앙이 될 수도 있다.
　노 대통령은 사실상의 임기가 석 달여밖에 남...
태에서 정상회담을 하게 된다. 중대한 회담의 상...
는 일이다. 김 위원장이 지난 4년여 동안 거부하...
...권의 수명이 다 끝난 지금 이 시점에서 회담...

탈출

成惠琳,
언니母女·수

모스크바 거주중-

언니, 귀순한 아들과

제3國에 망명 타진 가능...

남북정상회담을 겨냥한 보수 언론

'남북갈등' 프레임으로 햇볕정책 흔든 《조선일보》

1231명. 2000년 남북정상회담을 앞두고 서울 소공동 롯데호텔에 설치
된 프레스센터에 등록한 언론인 숫자다. 국내언론 114개사 728명을
비롯해 해외언론 173개사 503명이 취재 경쟁에 뛰어들었다. 이처럼 남
북 정상이 처음으로 만나는 역사적인 자리는 전 세계의 이목을 끌었다.

　모두가 주목했던 감동적인 그날을 기점으로 많은 것이 변했다. 금
강산 관광이 시작되고 개성공단이 열리고 이산가족들이 수차례 만났
다. TV를 켜면 MBC 예능프로그램 〈느낌표〉에서는 "남북 어린이 알아
맞히기 경연" 프로그램이 방영됐다. 2007년 철도를 북한을 이어 유럽
까지 연결하겠다는 게 2007년 박근혜 당시 보수정당 후보의 대선 공
약일 정도로 '남북교류'와 '통일'에 대한 사회적 분위기가 형성됐다.

　그러나 처음부터 '통일정책'을 못마땅해 하던 언론이 있었다. 김대
중 정부가 들어서기 전부터 '공안정국' 조성에 기여한 **언론은 때때로**

2000년 6월 남북 정상회담을 위해 평양 순안공항에 도착한 김대중 전 대통령이
김정일 전 국방위원장과 악수를 하고 있다. ⓒ연합뉴스

사실과 다른 보도까지 동원하며 '남북갈등'을 부추기는 프레임을 통해 햇볕정책을 흔드는 데 주력했다. 그중에서도 《조선일보》는 언제나 중심에 있었다.

《조선일보》 기자는 왜 입북을 거부당했을까

남북정상회담 후 이틀이 지난 2000년 6월17일. 6월27일 남북적십자 회담 취재를 위해 16명의 기자들이 현대 관광선 금강호를 타고 방북했다. 장전항에 내리려던 순간, 북한 당국이 《조선일보》 김인구 기자의 앞을 가로막았다. 그들은 김 기자만 입북을 할 수 없다고 밝히면서도 이유를 밝히지 않았다. 발만 동동 구르던 김 기자는 일주일이 지난 26일이 돼서야 적십자 연락관으로부터 "우리를 자극하는 기사를 많이 쓰는 《조선일보》는 곤란하다"는 입장을 전해 듣는다.

김 기자의 소식이 회사에 '보고' 되자 《조선일보》는 세 차례나 사설을 내면서 강력하게 반발했다. 가장 널리 알려진 건 7월11일자 《《조선일보》는 길들여지지 않는다〉는 제목의 대형 사설이다. 사설 3개 분량을 하나로 채운 이 사설에는 북한뿐 아니라 국내 《조선일보》 비판세력에 대한 반박을 담았다.

《조선일보》는 "평양방송뿐 아니라 남쪽에서도 《조선일보》가 남북문제에 걸림돌이라고 주장하는 허황된 목소리가 있다"면서 "《조선일보》는 신문의 생명인 비판의 길을 택할 수밖에 없다. 우리는 남쪽 권력에든 북쪽의 권력에든 분명히 할 말은 하고 살아갈 것"이라고 강조했다.

《조선일보》는 통일을 반대하는 게 아니라고 밝힌 뒤 "(북한 체제의 통일이 아닌) 평화와 공존 화해와 협력을 바탕으로 단계를 거쳐 남북합의로 이루어가는 통일"을 지향한다고 덧붙였다.

이 사설에서 《조선일보》는 '북한을 비판했기 때문에 탄압을 받는 것'처럼 프레임을 짜고 스스로를 정당화했다. 물론, 마음에 들지 않는다는 이유로 취재를 거부한 북한의 행태는 문제가 있었다. 그러나 이와 별개로 《조선일보》의 북한 관련 보도가 문제적이었던 것도 사실이다. '북한을 비판해서'가 아니라 왜곡 보도를 통해 냉전식 대결구도를 부추기며 '반통일' 논조를 보였고 이를 정치적으로 활용했기 때문이다. 한국 내부의 비판은 주로 이 같은 문제적 보도에 기인한 것이었다.

햇볕정책 국면, 대결 부추기고 평가절하

《조선일보》의 악의적인 보도들

대표적인 《조선일보》의 악의적인 보도는 정상회담 직전에 벌어졌다. 《조선일보》는 5월31일자 사설 〈태극기 내리면 나라도 내리는 것〉에서 정상회담을 열흘 앞둔 상황에서 평양학생소년예술단 방문 직전 한 학교에서 벽에 걸어놓은 태극기를 내린 사실을 언급하며 "우리가 북한에 무엇을 잘못했길래 나라의 표상인 태극기까지 떼어내야 하는가"라며 굴욕적인 행동을 한 것처럼 묘사했다.

그러나 사설이 나온 직후 평양학생소년예술단 서울초청공연실행위
원회는 〈남북화해 재 뿌리는 《조선일보》 저의는 무엇인가〉라는 제목
의 성명을 내고 반발했다. 양측이 서로 자국 국기를 사용하지 않기로
합의했기 때문에 태극기를 내린 것인데 《조선일보》는 이 같은 맥락
은 알아보지도 않은 채 왜곡을 했던 것이다.

앞서 2000년 4월, 남북정상회담 개최가 결정된 시점에서 보수언론
은 '평가절하'에 급급했다. 정부는 "냉전구조 해체와 한반도 평화정
착, 상호불가침 등을 골자로 한 한반도 평화헌장 채택"을 강조했지만
보수언론은 크게 의미부여를 하지 않았다. 4월12일 《동아일보》가 '경
제협력'에만 방점을 찍고 이를 평가하는 사설을 썼다.

정상회담 직전인 13일 《조선일보》는 사설 "남북은 냉엄한 비즈니스
다"를 통해 정상회담을 축제처럼 여기는 정서를 언급하며 "나사가 풀
리듯 최면에 걸리듯 당장 천지개벽이라도 있을 듯이 제 정신을 잃다
가는 좋은 일을 그르칠 수 있다는 점을 명심해야 한다"고 보도했다.

정상회담에 대한 '정략적 판단' 프레임

《조선일보》와 《동아일보》는 정작 회담이 진행 중이던 때는 6.15 공동
선언을 긍정적으로 평가하면서도 이를 전후해서는 문제적 프레임을
일관되게 이어갔다.

정상회담을 전후해 긍정적인 국민적 평가가 이어지자 역사적인 의
의가 있음을 부정하는 대신 '정략적 판단' 프레임이 두각을 나타냈다.

316

《조선일보》김대중 주필은 4월22일 칼럼에서 "노벨상까지 받을 수 있는 대통령, 그것은 한국의 정치지도자라면 누구나 꿈꾸는 업적이다. 그러기에 그는 이번 회담에 모든 걸 걸 것"이라며 "그가 무리해서 첫 단추를 잘못 끼우면 우리는 큰 불행을 맞을 수 있다"고 우려했다.

노벨평화상을 받기 위해 남북정상회담을 추진했다는 프레임인데 김 전 대통령이 1970년 신민당 대선후보 때부터 "적극적 평화지향" 통일정책을 강조해온 점을 감안하면 악의적이라고 할 수 있다.

7월15일《동아일보》가 사설을 통해 "여당은 남북회담의 성과를 재집권의 호재 정도로 스스로 격하시키며 정치적으로 이용하는 자세를 버려야 한다"면서 햇볕정책을 재집권을 위한 정략적 선택으로 평가 절하한 것도 같은 프레임이다.

손석춘 건국대 미디어커뮤니케이션학과 교수는 저서《신문읽기의 혁명》에서 "《조선일보》는 민족적 감동이 채 가시기도 전에 남북 대결 의식을 일관되게 부추기고 있다"면서 "자신들의 잘못된 편집 방향을 사설과 보도를 통해 여론화해나가는 대표적인 예"라고 지적했다.

반복되는 '색깔론'과 '퍼주기' 프레임

'남남갈등' 프레임과 '퍼주기' 프레임
이후 평화 국면이 자리 잡으면서 국가보안법 폐지 및 주한미군 철수

2007년 남북정상회담 추진 당시
《조선일보》사설.

●

朝鮮日報

2007년 08월 09일
31면 (오피니언)

노무현·김정일 무엇을 위해 만나나

노무현 대통령과 북한 김정일 국방위원장이 8월 28~30일 평양에서 정상회담을 갖는다고 양측에서 동시에 발표했다. 예상됐던 일이다. 前현 총리부터 대통령의 왼팔이란 측근까지 여권 정치인들이 평양과 중국을 계속 드나들며 북한에 남북 정상회담을 하자고 매달려 온 것은 주지의 사실이고 얼마 전부터는 그 시기가 8월이 될 것이란 예상까지 나온 바 있다.

남북 정상회담에 대한 정권의 이런 집착으로 볼 때 2000년 남북 정상회담에서 약속한 김 위원장의 서울 答訪(답방)이 없던 일로 돼버린 것은 당연한 결과일지 모른다. 노 대통령은 "남북 정상회담 정례화의 기틀을 마련하겠다"고 했지만, 이런 식으로 대통령이 바뀔 때마다 평양에 가서 알현하는 식의 정상회담 정례화라면 의미가 퇴색될 수밖에 없다.

남과 북의 정상이 만나서 대화하는 자체는 바람직한 일이다. 다른 어떤 회담보다 북핵 폐기에 도움이 될 수 있을 것이란 기대도 있다. 현재 북핵 6자회담은 북한의 핵물질 신고와 핵시설 불능화라는 결정적 단계를 앞에 두고 있다.

그러나 북한은 지금까지 핵문제 논의에서 남한을 철저히 배제시켜 왔다. 그 문제는 미국과 나눌 이야기이니 남한은 끼어들지 말라는 것이다. 핵은 미국과의 修交(수교) 등 미·북 관계 정상화를 위한 협상 소재이고 미국과 북한의 합의 결과에 따라 남한은 돈만 대라는 것이 북한의 일관된 방침이다. 북한이 이 방침을 바꿨다는 情況(정황)은 어디에도 없다. 북한은 이번 회담을 미국으로 가는 길을 푸는 데 필요한 통과의례 정도로 생각할 것이다. 북한이 이 방침을 고수한다면 앞으로 한반도 정세 변화의 主役(주역)은 미국과 북한이 맡고 한국은 그 뒤나 따라가는 助役(조역)으로 전락할 위험까지 감수해야 할지 모른다. 그렇다면 이번 정상회담은 민족 대단결 운운하는 말 잔치를 되풀이하고 우리는 막대한 잔치비용을 대는 것으로 그칠 수 있다.

노 대통령은 지난 6월 한겨레신문과의 인터뷰에서 남북 정상회담 문제에 대해 "전임 사장이 발행한 어음은 후임 사장이 결제하는 거다. 내 임기가 두 달이 남았든 석 달이 남았든 (북한에) 가서 도장 찍고 합의하면 후임(대통령)이 거부 못한다"고 했었다. '내 맘대로 일을 저질러도 너희들이 어쩔 수 없을 것'이라는 얘기다. 이것이 노 대통령의 생각이다. 남

북 정상회담이 이런 식으로 되고 정작 한반도 정상화의 출발점인 핵문제는 비켜 간다면 이번 남북 정상회담은 대한민국에 재앙이 될 수도 있다.

노 대통령은 사실상의 임기가 석 달여밖에 남지 않은 상태에서 정상회담을 하게 된다. 중대한 회담의 상식에 벗어나는 일이다. 김 위원장이 지난 4년여 동안 거부하다가 왜 남한 정권의 수명이 다 끝난 지금 이 시점에서 회담을 받아들였는지는 의문이 아닐 수 없다.

이번 남북 정상회담은 야당 대통령 후보 경선이 한창인 시기에 발표됐다. 또 정상회담은 야당 대선 후보가 확정된 지 8일 뒤에 열린다. 그에 이어서 여당 대선 후보 경선전이 시작되고 곧 대통령 선거다. 야당의 가세엔 찬물을 끼얹고 여당의 상승세는 부추길 수 있는 타이밍이다. 지난 2000년 남북 정상회담도 국회의원 총선 투표일 3일 전에 발표된 바 있다. 남북 정상회담이 번번이 대한민국의 선거를 앞두고 이렇게 반복되는 상황에서 남북회담의 政略性(정략성)을 말하지 않을 수 없는 일이다.

북한은 올해 들어 "한나라당이 집권하면 전쟁 난다"는 식으로 남한 대선 결과에 대해 극단적인 초조감을 보여 왔다. 기획 탈당, 간판 세탁 등 온갖 방법이 다 실패한 남측 여권도 남북 정상회담 성사에만 목을 매고 있었다.

북한은 정상회담으로 남한 정권에 도움을 준 대가를 반드시 요구할 것이다. 2000년 회담 때는 뒷돈으로 5억달러를 챙겼다. 이번 회담 성사의 前後(전후) 내막 역시 다음 정권이 되면 밝혀질 것이다. 대규모 대북 지원이 미리 제시됐을 가능성도 높다. 그 천문학적인 돈은 결국 남한 국민의 세금이다. 다음 정권에까지 부담을 주는 합의는 이 정권 독단으로 할 수 없다.

이날 남북 정상회담이 발표된 뒤 한국갤럽이 실시한 긴급 여론조사에서 회담 시기가 지금 적절하다(49.1%)는 의견 못지않게 다음 정권으로 넘겨야 한다(42.8%)는 의견도 많았다. 특히 이 여론조사에서 이번 정상회담이 성과를 거둘 것이란 의견은 35.5%에 그쳤고 성과를 거두지 못할 것이라는 견해가 58.7%에 달했다. 노무현 대통령은 이런 국민의 눈을 등 뒤에 지고 평양에 가는 것이란 사실을 명심해야 한다.

(16.0×16.7)cm

여론이 높아지자 보수신문들은 오랜 기간 즐겨 쓴 '색깔론' 프레임을 쓰면서 한발 더 나아가 진보와 보수의 대립으로 북한이 이익을 본다는 점을 전제한 '남남갈등' 프레임을 만들어냈다.

2000년 7월 13일 《조선일보》는 국회 대정부 질문 내용을 인용해 〈정상회담 후 국론분열〉이라는 제하의 기사를 1면 톱에 실었고 2001년 8월 22일 《조선일보》 1면 톱기사는 〈2001년 8월 21일 김포공항의 남남갈등〉이었다. 평양에서 열린 민족통일대축전 남쪽 대표단의 이념을 문제 삼는 내용이다.

교전이 일어날 때마다 햇볕정책은 무용론에 시달리기도 했다. 2007년 7월 30일 《조선일보》는 "햇볕정책의 최대 수혜자인 북한은 금강산관광의 대가로 받은 거액의 현금을 비롯해 식량과 비료 등의 엄청난 지원을 받았지만 그 보답이 포탄이요. 아까운 우리측 젊은 장병들의 목숨을 앗아간 만행이요 행패인가"라고 비판했다.

《동아일보》 역시 "(햇볕정책이) 김정일 정권이 국가 운영에 써야할 돈을 미사일 개발과 같은 곳에 돌려 쓸 수 있도록 여지를 제공했다"고 주장했다. 남북교류와 평화유지에 따른 여러 측면의 이익을 계산하지 않는 '퍼주기' 프레임은 현재까지도 막강한 영향력을 갖고 있다.

적대적 관계 해결책 고민 없는 비난만 존재

이 같은 프레임의 흐름은 참여정부 때 2차 남북정상회담을 주최하자 더욱 노골적으로 변했다. 《조선일보》는 2007년 8월 9일 〈노무현·김정일 무엇을 위해 만나나〉, 11일 〈이제 북한의 남한 선거 개입은 당연지

'북핵 관련 신문보도 갈무리'. ⓒ미디어오늘

320

사인가〉 사설을 통해 정상회담 자체를 정략적 목적이 있는 것처럼 묘사했다. 《조선일보》는 9일 시론을 통해 "김정일엔 꽃놀이패, 노정부엔 마지막 도박판"이라고 규정하기도 했다.

2차 정상회담 국면인 2007년 이봉조 통일연구원장은 《미디어오늘》과 인터뷰에서 "지속됐던 적대적 관계를 화해협력의 관계로 바꾸는 일이 쉬우리라고 생각할 수 있겠느냐"라며 "그동안 교전도 있었고, (북한이) 마음에 들지 않았던 일도 있었지만 (조중동의 지면에서는) 이를 어떻게 해결해야 할지에 대한 진지한 성찰과 고민을 찾아볼 수 없다"고 비판했다.

위기 때마다 불렀던 그 이름, '북한'

북한을 정략적으로 활용한 건 언론

오히려 중요 국면 때마다 북한을 정략적으로 활용해온 건 다름 아닌 이들 언론이었다. 노태우 정부가 전향적인 대북정책을 취하고 소련이 붕괴하면서 냉전구도가 희석되기 시작했지만 이들 언론은 위기 때마다 끊임없이 북한을 호출해 '공안정국'을 만드는 데 기여한 것이다.

햇볕정책이 한창이던 2002년 12월13일 예멘 인근 공해상에서 미국이 미사일을 실은 북한 배를 나포한다. 다음날 조중동 모두 사설을 통해 북한을 비판하고 나섰다. 〈미사일 개발하라고 햇볕 준 꼴〉《조선》),

〈북한 또 한 번 국제사회 배신했다〉《동아》), 〈북한 미사일 수출할 땐 가〉《중앙》) 등이다. 그러나 당시 예멘정부가 "합법적 미사일 수입"이라며 항의했고 미국은 잘못을 인정하면서 조중동의 보도가 군색해진다. 공교롭게도 노무현 전 대통령과 이회창 전 한나라당 총재의 대결이 펼쳐지던 16대 대선을 불과 일주일 앞둔 시점이었다.

앞서 김영삼 정부 초기 《조선일보》를 비롯한 언론은 판문점의 남북 실무회담 북쪽대표의 '서울불바다' 발언을 거두절미하고 보도하면서 김영삼 정권 초기 민주화 요구 국면을 신공안정국으로 전환한 바 있다. 노태우 정권 출범 이듬해인 1989년 5.18 청문회 등 5공 청산 요구가 거센 상황에서 《조선일보》는 문익환 목사 방북을 보도하며 "감옥에 들어가고 싶지 않다"는 말을 "문씨 '돌아가고 싶지 않다'"로 악의적으로 편집해 '공안정국'을 조성한 바 있다.

1995년 전두환 노태우 씨 구속 국면에서 《조선일보》를 비롯한 언론은 망명한 이철수 대위의 증언을 바탕으로 당장 전쟁이 일어날 것처럼 보도했다. 물론, 일개 대위가 북한의 전쟁계획을 알고 있을 가능성은 매우 낮았고, 그가 말한 작전계획은 1980년대 망명한 북한군이 얘기한 것과 크게 다르지도 않았다.

20년째 반복되는 "북한 곧 붕괴된다" 호들갑

〈김정일 본처 서방탈출〉. 1996년 2월13일 《조선일보》의 특종 보도다. 지도자의 본처가 떠날 정도로 북한이 위기라는 점이 드러나는 기사

1996년《조선일보》
〈김정일 본처 서방탈출〉보도.

였다. 당시 《조선일보》는 TV광고에서도 이 기사를 '특종'이라고 소개할 정도로 전면에 내세웠다.

그러나 《조선일보》가 서방으로 탈출했다는 성혜림 씨는 모스크바에 머물면서 북한 측 보호를 받고 있던 것으로 확인되면서 '오보'임이 밝혀졌다. 그의 언니만 3국으로 망명한 사실이 와전된 것이다. 물론, 성씨가 본처라고 볼만한 충분한 증거도 없었다.

이 대형오보는 1994년 김일성 사후부터 꾸준히 제기되는 '북한붕괴론'을 부추기고 있다. 북한의 체제가 스스로 붕괴할 것이라는 전망이다. 햇볕정책 시작 때부터 《조선일보》를 비롯한 보수신문이 북한이 무기를 개발할 때마다 강조해온 '대북제재론' 역시 북한을 제재하기만 하면 스스로 붕괴될 것이라는 점을 전제로 한다.

북한, 문제인 건 맞지만 대화도 필요해

핵을 가지려고 하니, 대화를 해야 한다

이 같은 보도는 최근까지도 이어지고 있다. 2016년 2월 《조선일보》는 북한붕괴론을 언급한 박근혜 당시 대통령에게 "흔들리지 말 것"을 주문했다. "북은 끊임없이 도발하고 흔들어 댈 것이며 그럴 때마다 우리 사회 내부가 요동칠 것이고 내부엔 그걸 기다리는 사람도 적지 않다"면서 "대통령의 이번 다짐이 행동으로 이어지지 않고 말로만 그칠 경우 오히려 무기력증을 더 키울 수도 있을 것"이라고 주장했다.

　그러나 이들 신문의 보도는 햇볕정책이 북의 핵무기가 됐다는 인과 관계를 짜 맞추던 것과는 달리 지난 9년간 일관된 제제와 규탄이 아무런 효과를 거두지 못한 데 대한 평가는 찾아볼 수 없다.

　분명한 사실은 북한이 문제인 건 맞지만 어떤 방식으로든 대화는 필요하다는 점이다. 김연철 인제대 통일학부 교수는 페이스북에 최근 언론보도와 관련 "기사에서 '핵을 가지려는 북한과 대화하겠다니 순진한 정부'라는 표현을 봤다"면서 "핵을 가지려고 하니, 대화를 해야 하는 것이다. 지난 9년처럼 북한이 핵실험을 하고 미사일을 쏘는데. 규탄 성명 발표하고, 매번 역대최강의 제재라는 말만 하고 있으란 말인가? 지난 9년 이명박 박근혜 정부는 구경만 했을 뿐 아무것도 한 것이 없다"고 비판했다.

보수진영의 정책은 너무나 쉽고 진보진영이 하는 건 어려운 길

문제는 앞으로다. 지난 7일 문재인 대통령의 '신베를린 구상'이 아닌 도널드 트럼프 미 대통령 소식을 1면 톱에 배치한 《조선일보》의 편집은 김대중, 노무현 정부에 이어 통일정책을 평가절하하는 세 번째 시도의 '전초전'으로 볼 수 있다. 앞으로 햇볕정책을 재건하는 과정에서 이들 신문에 종편까지 가세해 또 다시 같은 공세를 펼 것이다. 오랜 기간 남북 대결 국면이 이어지고 북한이 핵개발을 하면서 '강경' 여론이 높아진 것도 사실이다.

유시민 작가는 2011년 tvN 〈끝장토론〉에 출연해 햇볕정책에 대한 부정적인 평가에 이렇게 답했다.

대립이 있는 곳에 갈등을 조장하고 싸우는 건 누구나 할 수 있다. 반면 화합과 평화를 가져오는 건 아주 노력하는 정치인만 할 수 있다. 김정일 욕하고 핵개발 비난하는 걸 누가 못하나. 보수진영의 정책은 너무나 쉽고 진보진영이 하는 건 어려운 길이다.

15
손석희가 지켜낸 프레임 그리고 손석희 죽이기
박근혜-최순실 국정농단 사건

——

정철운

2016년 박근혜 전 대통령과
최순실의 국정농단
언론과 시민이 만들어낸
명예혁명

박근혜 프레임
'국정농단 프레임' 덮고 싶었던 박근혜
걷잡을 수 없이 커지는 사태
정부–여당–극우단체의 '손석희 죽이기'
태블릿PC조작 프레임
국정농단 세력 최후의 프레임
가짜뉴스와 광장의 프레임

박근혜 프레임

박근혜, 스스로 고립을 자초하다

법무부 호송차에서 내린 박 전 대통령은 여성 교도관의 부축을 받아 걸어
가는 동안 발을 절뚝이는 모습을 보였다. 재판부가 '몸 상태가 괜찮냐'고
묻자, 박 전 대통령은 조용히 고개를 끄덕였다.

－《뉴시스》 7월 14일자

2017년 7월 14일, 서울중앙지법 형사합의22부 심리로 열린 자신과
최순실의 특정범죄가중처벌 등에 관한 법률 위반(뇌물) 혐의 36차 공
판. 18대 대통령이었던 박근혜의 그날은 초라했다. 박근혜는 무너졌
다. 1년 전, 아무도 이런 오늘을 상상할 수 없었다.

2017년 현직 대통령을 탄핵시킨 한국사회 명예혁명은 1987년 민주
화 이후에도 지속됐던, 박근혜와 이재용으로 상징되던 권위주의정권

2017년 7월17일 재판에 출석하는 전직 대통령 박근혜. ⓒ연합뉴스

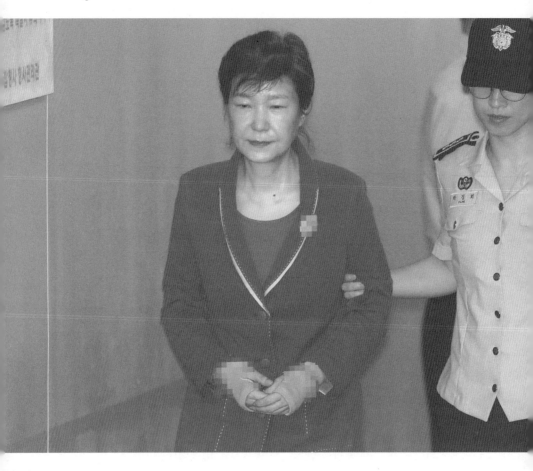

과 재벌, 그 구체제에 대한 심판이었다. 박근혜와 함께 수구 보수 세력도 함께 무너졌다. 검찰과 언론을 손에 쥐고 있던 살아있는 권력 박근혜는 어떻게 무너진 걸까.

　집권 초기부터 불통과 소송으로 언론을 상대했던 박근혜는 결국 《조선일보》마저 '부패기득권세력'으로 명명하며 스스로 고립을 자초했다.

'#그런데최순실은?' 해시태그 운동

'박근혜와 사사로운 관계로 형성된 비선이 청와대를 수시로 드나들며 국정을 농단했다'는 영화 같은 프레임은 너무나 강력했다. 이 프레임은 TV조선이 시작하고 《한겨레》가 숨을 불어넣고 JTBC가 완성했다. 박근혜와 최순실은 눈앞에 보이던 정해진 최후에서 벗어나기 위해 발버둥 쳤지만 이 프레임을 부술 수도, 덮을 수도 없었다.

　이 사건이 국정농단 프레임으로 확산될 수 있었던 상징적 사건을 꼽으라 한다면 2016년 10월7일을 꼽고 싶다. '#그런데최순실은?' 해시태그 운동이 시작된 날이다. 이날 김형민 SBS CNBC PD는 "정부여당의 모든 관심은 최순실 가리기가 아닐까"라며 해시태그운동을 제안했다.

　그렇게 많은 사람들이 모든 포스팅에 '#그런데최순실은?' 해시태그를 달았다. 이는 국정농단의 실체를 드러내겠다는 주술과도 같았다. 기자들은 이 주문에 응답해야 했다. 그렇지 않으면 박근혜와 함께 심판 당할 운명이었다.

'국정농단 프레임' 덮고 싶었던 박근혜

이정현 단식→김제동→송민순 회고록→개헌

국정농단 프레임의 시작은 《한겨레》였다. 《한겨레》는 2016년 9월20일 1면 톱기사 〈대기업돈 288억 걷은 K스포츠재단, 이사장은 최순실 단골 마사지 센터장〉에서 민간인 최순실을 공공재단 설립과 운영의 숨은 실세로 지목했다.

박근혜는 언론에 등장한 최순실을 덮기 위해 최선을 다했다. KBS는 **북핵 도발가능성 기사를 연일 주요하게 배치했다.** 새누리당 이정현 대표는 단식으로 스포트라이트를 받았다. 오직 최순실 보도만 안 나가면 그만이었다. 이정현 대표가 단식을 벌이는 사이 전경련은 미르·K스포츠재단을 해체하고 관련 자료를 파쇄했다.

당시 국감 국면에서 새누리당은 **전방위적으로 최순실과 연결될 수 있는 모든 국감 증인 채택을 거부했다.** 최경희 이대 총장까지 증인에 세울 수 없었다.

10월10일, 서울중앙지법에서 백남기 농민 부검영장을 발부했다. 공권력에 의한 외인사였던 백 씨의 사망진단서엔 '병사'라고 적혀 있었다. 언론은 백남기 사인을 둘러싼 논란으로 시끄러워졌다.

비슷한 시기 김제동 씨가 뜻밖의 논란으로 떠올랐다. 새누리당 의원이 국방위 국정감사에서 김 씨 출석을 요구하는 촌극이 벌어졌다. "군 장성 아내를 아주머니라 불렀다가 영창에 갔다"는 발언이 군의 신뢰를 실추시켰다는 것. 종편은 시간 날 때마다 김제동 영창 논란을 띄웠다.

'문재인 종북' 프레임의 등장

10월4일부터 10일까지 7일간 미르·K스포츠재단의혹을 쟁점으로 다룬 보도는 35건. 이중 JTBC보도가 25건이었다. 다른 방송사는 사실상 입을 닫고 있었다. 모든 게 순조로워 보였다. 2014년 '정윤회 문건 파동' 처럼 덮을 수 있을 것만 같았다. 정부여당은 "최순실이 누군데 왜 그리 목을 매느냐"(김도읍 새누리당 원내수석부대표)며 오히려 기자들에게 따져 묻기도 했다.

그러나 안이한 인식이었다. 당장 《조선일보》가 청와대와 날을 세웠다. 《조선일보》는 "최순실 단골 마사지센터 운영자가 K스포츠재단 이사장이 됐고 재단 사무실과 마사지센터, 최 씨 집, 박근혜 대통령 사저는 다 한곳에 모여 있다"며 정부여당이 관련 증인채택을 막는 것을 두고 "국민 무시"라고 비판했다. 《조선일보》로선 이미 프레임을 돌릴 수 없다고 판단했던 것 같다.

10월15일, 정부여당은 그 흔한 종북 프레임을 꺼냈다. 송민순 전 외교통상부 장관의 책 《빙하는 움직인다》에서 2007년 유엔 북한인권 결의안 표결 때 정부가 기권 결정 전 북한 의견을 물었고, 이 때 문재인 대통령이 관여했다는 내용이 회고록에 등장했다. 친박 서청원 새누리당 의원은 "북한 종속 국가도 아닌데 북한에 알아봐서 결정하자? 국기를 흔들 문제"라며 날을 세웠다. '문재인 종북' 프레임이었다. 새누리당은 '내통'이라는 극단적 표현까지 쓰며 여론몰이에 나섰다.

방송은 이 논란에 집중했다. MBC는 2012년 NLL대화록 파문을 언급하며 야당의 안보관은 틀렸다는 새누리당 논리를 적극 선전했다. KBS도 다르지 않았다. TV조선은 문재인 때리기에 집중했다. 이 프레임은 사실 《한겨레》-《조선일보》-《중앙일보》-《경향신문》-《동아일보》가 최순실을 매개로 느슨히 걸려 있던 '논조의 연대'라는 고리를 잘라내기 위함이기도 했다.

그러나 통하지 않았다. 당시 《동아일보》는 "미르·K스포츠재단 의혹으로 수세에 몰린 여권이 국면 전환 카드라도 잡은 듯 문 전 대표와 민주당을 몰아붙이고 있는데 박수 치는 국민이 얼마나 될까"라고 쏘아붙였다.

걷잡을 수 없이 커지는 사태

최순실 국정농단 프레임을 개헌 프레임으로 덮으려 하다
사태는 걷잡을 수 없었다. 이대 학사비리의 경우가 그랬다. 《동아일

2016년 10월25일
박근혜 대통령의 개헌 발언을 다루고 있는 KBS 보도화면.

보》김순덕 논설실장은 10월17일자 칼럼에서 "130년 전통의 사학이 5
년 임기 대통령 측근, 심지어 공식 직함도 없는 학부모에게 휘둘려 학
칙까지 바꾼 것보다 비선 실세의 위력을 확인할 수 있는 길은 없다"고
지적했다. 이대 영문과 출신인 김 실장의 이 칼럼은 큰 화제를 모았다.

그리고 운명의 10월24일. 박근혜는 국회 예산안 시정연설에서 "저
는 오늘부터 개헌을 주장하는 국민과 국회 요구를 국정 과제로 받아
들이고 개헌을 위한 실무적인 준비를 해나가겠다"고 말했다. 최순실
국정농단 프레임을 덮기 위해 개헌 프레임을 들고 온 것이었다. 이는
좋은 판단이었다.

이날 KBS 메인뉴스는 1~7번째 꼭지에, MBC 메인뉴스는 1~8번째
꼭지에 개헌 관련 리포트를 배치했다. 주요 일간지도 1면부터 주요
면을 개헌에 할애했다. 모두가 개헌 블랙홀로 빨려들어가는 듯했다.

JTBC 〈뉴스룸〉 특종의 등장
이날 밤, JTBC 〈뉴스룸〉의 특종이 등장한다. 손석희 앵커가 말했다.

JTBC 취재팀은 최순실 씨의 컴퓨터 파일을 입수해 분석했습니다. 최 씨가
대통령 연설문을 받아봤다는 사실을 확인할 수 있었습니다. 그런데 최 씨
가 연설문 44개를 파일 형태로 받은 시점은 모두 대통령이 연설을 하기 이
전이었습니다.

영화보다 영화 같았던 '어젠다 키핑'의 한 장면이었다. 이 보도로 JTBC는 '최순실 국정농단'이라는 프레임을 개헌 프레임으로부터 지켜냈다.

정부-여당-극우단체의 '손석희 죽이기'

박근혜, 여야의 특검 합의로 무너지다

JTBC는 민간인 최순실이 드레스덴 선언을 비롯한 각종 대통령 연설문을 미리 전달받았으며, 최 씨의 지시에 따라 연설문이 고쳐졌다고 단독 보도했다. 그러자 TV조선은 마치 JTBC보도를 기다리고 있었다는 듯 10월25일 민간인 최순실이 강남 모처에서 대통령 박근혜의 옷을 '손수' 고르는 영상을 단독 보도했다.

그리고 25일 오전《한겨레》는 이성한 전 미르재단 사무총장과의 충격적 인터뷰를 내보냈다.

> 최순실이 거의 매일 청와대로부터 30센티미터 두께의 대통령 보고 자료를 건네받아 검토했다.

10월26일, 여야가 최순실 국정농단 특검에 합의하며 박근혜는 무너졌다.

손석희 죽이기, 집회→형사고발→인신공격→농성→가짜뉴스

하지만 박근혜와 최순실은 순순히 물러날 생각이 없었다. 10월26일 이후 100일 동안 국가(청와대와 국정원)-자본(전경련과 대기업)-극우집단(극우시민단체와 새누리당)은 조직적으로 JTBC 흔들기에 집중했다. 집회→형사고발→인신공격→농성으로 이어진 일련의 흐름은 비판언론을 탄압하는 박근혜의 마지막 악수惡手였다. 이는 메시지를 공격할 수 없을 경우 메신저를 공격하는, 고전적인 수법이기도 했다.

'친박 돌격대' 김진태 새누리당 의원은 10월27일 국회 법사위에서 "최순실 태블릿PC는 다른 사람 것"이라고 주장했다. 국정농단의 핵심을 부정하는 프레임이었다. 이 프레임은 훗날 최순실의 '작품'으로 밝혀진다.

최순실은 같은 날 K스포츠재단 부장이었던 노승일과 통화에서 "걔네들(JTBC)이 이게 완전 조작품이고 애네들이 이거를 저기 훔쳐가지고 이렇게 했다는 것을 몰아야 되고……"라며 사건 은폐 지시를 내렸다.

최순실이 만든 프레임은 새누리당 의원을 통해 언론에 전파되며, 어버이연합·박사모·엄마부대 등 박근혜 지지단체에 '임무'를 부여했다. 이들 친박·극우성향 단체는 당장 10월31일부터 11월9일까지 상암동 JTBC 사옥 앞에 집회를 신고하고 태블릿PC 보도가 조작됐다고 주장하기 시작했다.

11월4일, 검찰이 태블릿PC가 최 씨의 것이라고 파악했다는 보도가 나왔지만 소용없었다. 이들 단체는 JTBC를 자극하기 위해 손석희

손석희 JTBC 보도담당 사장. ⓒJTBC

JTBC보도담당 사장과 JTBC 기자가 죄수복을 입은 합성 이미지를 제작해 유포하는가 하면, JTBC 기자가 '올해의 여기자상'을 수상한 프레스센터 행사장까지 쫓아가 압력을 행사했다. 11월10일에는 어버이연합 등이 JTBC의 태블릿PC 입수 경위를 수사해달라며 손석희 사장을 서울중앙지검에 형사고발했다.

태블릿PC조작 프레임

"JTBC 태블릿PC 조작이 없었다면 탄핵은 불가능했다"

12월9일 국회 탄핵소추안이 가결되자 친박·극우성향 단체는 "JTBC 태블릿PC 조작이 없었다면 탄핵은 불가능했다"는 프레임을 들고 나왔고 새누리당은 당내 태블릿PC진상규명위원회를 꾸린다고 호들갑을 떨며 동조했다.

2017년 1월10일 박사모·엄마부대·자유총연맹·어버이연합 등 친박·극우성향 단체들은 '태블릿PC조작 진상규명위원회'라는 결사체를 만들기에 이르렀다. 이들은 그해 1월17일부터 방송통신심의위가 위치한 방송회관 1층 로비를 점거하고 JTBC 심의제재를 주장하며 농성을 시작했다.

'JTBC 태블릿PC 조작' 프레임을 매개로 한 **가짜뉴스**는 '여당과 시민단체의 의혹 제기'로 그럴듯하게 포장돼 일부 극우성향 인터넷매

체와 MBC 같은 소수 주류매체의 호응 속에 확대 재생산됐다. 태블릿
PC조작진상규명위는 "제대로 취재하는 곳은 MBC밖에 없다"고 밝히
기도 했다.

"손석희를 죽이러 왔다"

물론 최순실의 태블릿PC는 시비거리가 될 수 없었다. 검찰은 JTBC가
제출한 태블릿PC의 인터넷망을 추적해 태블릿PC 이동경로와 최 씨
의 동선이 겹친다는 사실을 밝혀내며 태블릿PC가 최순실의 것이라고
결론 냈다. 무엇보다 태블릿PC에 대한 증거능력 의혹 제기가 무의미
해질 정도로 국정농단 증거는 차고 넘치는 상황이었다.

　　그러나 각종 음모론과 조작설들은 전염병처럼 번졌다. 헌법재판소
결정을 지연시키고 어떻게든 현 국면을 반전시키고 싶은 의도의 결과
물이었다.

　　이 무렵 변희재는 "손석희·홍정도를 국가내란죄로 고발해야 한다"
고 주장했다. 최순실 측 변호인단은 변희재를 '태블릿PC 전문가'로
재판에 증인 신청하면서 변희재는 JTBC 공격의 중심인물이 됐다. TV
조선 등 종합편성채널에서도 섭외할 의향이 없는 변희재를 박근혜·
최순실이 '키맨'으로 선택했다는 사실은 그만큼 그들이 벼랑 끝에 몰
려 있다는 반증이었다.

　　2017년 2월12일 변희재 등 200여 명은 평창동 손석희 집 앞에 몰려
가 기자회견을 열고 "손석희를 죽이러 왔다"는 등의 막말을 쏟아냈다.

국정농단 세력 최후의 프레임

이번 사태는 《조선일보》를 비롯한 전 언론사의 보복

지금은 자유주의와 공산주의의 전쟁입니다. 광화문 촛불의 목표는 박근혜 대통령 탄핵이 아닙니다. 국가전복입니다!

서울시청 앞 광장 태극기집회에서 등장한 구호의 공통점은 언론에 대한 불신이었다. 최순실-박근혜 국정농단 국면에서 조중동을 포함한 대다수 보수언론이 박근혜 대통령을 비판하자 친박·극우세력의 '설계자'들은 대응논리가 필요했다. 이들은 언론을 사태의 원인으로 규정했다. 대통령 박근혜가 단독인터뷰 대상으로 제도언론이 아닌 〈정규재TV〉를 선택한 것도 이러한 대응논리에 힘을 실어줬다.

《월간조선》 편집장 출신으로 태극기집회에 적극 참여한 조갑제 씨는 박근혜 탄핵국면을 아예 "언론의 난"으로 규정했다. 이는 친박·극우세력에서 이번 사태의 시작점을 2016년 10월24일자 JTBC 태블릿PC 보도로 규정짓는 것과 맥락이 맞닿아 있었다.

태극기집회의 언론개혁 주장

조갑제 씨는 "《조선일보》를 비롯한 전 언론사에 박근혜 대통령에 대한 보복적 차원의 반감이 팽배했다"며 최근 태극기집회 규모의 증가

탄핵 기각을 요구하는 서울 대한문 앞 보수단체 집회 모습. ⓒ연합뉴스

는 "언론의 선동적 보도에 의한 분노 때문"이라고 주장했다. 그들은 탄핵 국면을 국가전복사태로 규정하며 박정희세대에게 '총력전'을 요구했다.

조갑제 씨는 "박근혜 대통령의 약점은 최순실이라는 비선과의 부적절한 관계였는데 언론보도만큼 심각한 사안이 아니며 탄핵 사안도 아니다"라고 주장했다. 이 같은 인식은 태극기집회에 참여하는 대중의 인식과 유사했다. 태극기집회 참여자들은 현장에서 '언론개혁'을 주장했다. 이노근 전 새누리당 의원은 JTBC 등 언론사들을 가리켜 "쓰레기 언론을 소각로로 보내자"고 주장했다.

가짜뉴스와 광장의 프레임

언론조작·왜곡보도 프레임

김세은 강원대 신문방송학과 교수는 이 같은 '언론조작·왜곡보도' 프레임이 친박·극우세력의 중심 이데올로기가 된 것을 가리켜 "한국 언론은 긴 불신의 역사를 갖고 있다. 이 때문에 허위·왜곡보도의 주체로 언론을 설정했을 때 사람들이 쉽게 받아들일 수 있다"고 지적했다.

이들은 자신들의 이데올로기를 대변하고 지지층을 끌어모을 수 있는 문화적 상징으로 태극기를 선택했다. 태극기집회의 관념은 '조작·왜곡보도→탄핵→좌파의 국가전복→대한민국 위기'로 이어지는, 확장성을 잃어버린 낡은 구호의 반복이자 구체제의 집단 기억이 쏟아내는 '최후의 발악'을 의미했다.

　가짜뉴스는 태극기의 세를 늘려나가는 일종의 바람잡이 역할을 했다. 한국언론진흥재단이 2017년 3월 내놓은 '가짜뉴스 인식' 조사보고서에 따르면 50대의 경우 카카오톡을 통해 가짜뉴스를 접한 비율이 45.6퍼센트로 나타났다.

　태극기집회 참가자들의 페이스북 뉴스피드를 분석한 《중앙일보》-구글 뉴스랩 팀에 따르면 이들의 타임라인에선 '손석희 거짓말', '변희재의 의혹 제기', '태극기집회 수백만 명 참가'와 같은 뉴스들이 빈번하게 등장했다. 3월10일, 박근혜가 파면됐을 때 그 상황을 이해할 수 없었던 태극기 집회 참가자들은 눈물을 흘리며 나라가 망했다고 절규했다.

광장의 프레임은 '이게 나라냐'

시간은 흘러 4월21일 방송학회 정기학술대회. 키노트 스피치 연사로 참여한 손석희 사장은 국정농단 국면을 이렇게 회상했다.

　광장의 프레임은 '이게 나라냐'였다. 국가에 대한 실망이었다. 이것이 헌법 수호로 넘어갔다. 동시에 '세월호 7시간' 프레임이 강력하게 등장했다. 이것은 이번 사건의 주체가 되는 집단들을 연결시켰다. 블랙리스트 역시 헌법의 문제였다. 중요도에 비해 대중적 인식은 '그게 뭐 이번 정부만 그랬을까' 같은 게 있었지만 우리는 이 사안을 중시했다.

그는 국정농단 국면에서 등장했던 '태블릿PC조작설'에 대해서도
언급했다.

국정농단 사건에서 음모에 의한 정권전복 사건으로 프레임을 바꾸는 방법
이 태블릿PC 조작이었다. 집중적 공격을 받았다. 내가 시내에 많이 다녔
다. 포승줄에 묶인 모습으로. (웃음) 연구해볼만 한 사건이다. 한참을 참다
법적 대응을 했지만, 결론이 나는 것은 먼 훗날의 이야기다. 일일이 대응하
는 데 한계가 있었다.
(조작프레임은) 굉장한 집요한 노력과 인프라 제공이 있었다. 저널리즘 자
체가 중대한 이슈에서 많은 타격을 받을 수 있다는 걸 배웠다.

박근혜가 무너진 자리에 들어선 새 정부는 '적폐 청산'을 주요 어젠
다로 들고 나왔다. 겨울 내내 광장을 비췄던 촛불이 없었다면 불가능
했던 어젠다였다. 세상은 조금씩 달라지고 있다. 정의로운 언론과 시
민이 만들어낸 명예혁명은 현실 속 끝없는 프레임 전쟁 속에 여전히
현재 진행형이다.

참고문헌

2화_ 남북분단 씨앗은 《동아일보》 기사였다

김삼웅, 《곡필로 본 해방 50년》, 한울, 1995.

로버트 스칼라피노·이정식, 한홍구 옮김, 《한국 공산주의 운동사》, 돌베개, 2015.

김영희, 〈미군정기 신문의 보도 경향—모스크바 3상회의 한국의정서 보도를 중심으로〉, 《한국언론학보》, 제44권 4호, 2000, 32~60쪽.

박태균, 〈반탁은 있었지만 찬탁은 없었다〉, 《역사비평》, 73호(2005년 겨울호), 2005, 66~70쪽.

윤해동, 〈반탁운동은 분단·단정노선이다〉, 《역사비평》, 9호(1989년 겨울호), 1989, 170~180쪽.

정용욱, 〈1945년 말 1946년 초 신탁통치 파동과 미군정—미군정의 여론공작을 중심으로〉, 《역사비평》, 62호(2003년 봄호), 2003, 287~322쪽.

4화_ 무상급식 전쟁, 오세훈은 왜 패했나

강병호·심익섭, 〈이데올로기가 정책변동에 미치는 영향에 관한 연구—청계천복원사업과 무상급식 정책변동 사례 분석〉, 《지방정부연구》, 제19권 제3호, 2015, 103~124쪽.

김대호·김태일, 〈무상급식과 보편주의—한국에서 보편주의 논쟁의 특수성과 그 함의〉, 비판과 대안을 위한 사회복지학회 2010년 춘계학술대회 자료집, 2010년 6월, 36~59쪽.

여지훈, 〈한국의 복지균열 부상에 관한 연구―2009년 무상급식 갈등국면을 중심으로〉, 《현대정치연구》, 제8권 제1호(통권 제15호), 2015, 181~217쪽.

임순미, 〈무상급식논쟁을 통해본 보수의 담론과 진보의 담론―신문 미디어의 프레이밍 분석을 중심으로〉, 《한국정치학회보》, 제45집 제2호, 2011, 251~279쪽.

정재철, 〈한국 신문과 복지 포퓰리즘 담론―《동아일보》와 한겨레신문을 중심으로〉, 《언론과학연구》, 제11권 1호, 2011, 371~398쪽.

5화_ "삼성을 그만두겠소? 방송을 그만두겠소?"

서중석·김덕련, 《서중석의 현대사 이야기 8》, 오월의봄, 2017.

한홍구, 《유신―오직 한 사람을 위한 시대》, 한겨레출판, 2014.

이민희, 〈해외특파원이 된 교열기자〉, 《관훈저널》, 133호, 2014, 104~135쪽.

이성춘, 〈언론생활 45년〉, 《관훈저널》, 108호, 2008, 57~76쪽.

6화_ 광주에 갇힌 5·18

MBC, 〈PD수첩―화려한 휴가, 그 못다 한 이야기〉(2007년 9월4일).

김삼웅, 《곡필로 본 해방 50년》, 한울, 1995.

서중석·김덕련, 《서중석의 현대사 이야기 8》, 오월의봄, 2017.

김희송, 〈5·18항쟁 시기 군부의 5·18담론〉, 《민주주의와 인권》, 제13권 3호, 2013, 5~35쪽.

변동현·김영기, 〈여전히 '광주의 5·18'로 남겨졌다〉, 《저널리즘 비평》, 제10권, 1993, 68~73쪽.

최영태, 〈1980년도의 기사를 통해서 본 《조선일보》의 정체성〉, 《민주주의와 인권》, 제4권 2호, 2004, 71~104쪽.

허윤철·강승화·박효주·채백, 〈한국 언론과 5·18 광주민주화운동 담론―《동아일보》의
   보도기사와 사설을 중심으로〉, 《한국언론정보학보》, 통권 58호, 2012, 130~153쪽.

8화_ 윤전기를 멈추며 시작된 1987년의 함성

신성호, 《특종 1987―박종철과 한국 민주화》, 중앙북스, 2017.

황호택, 《박종철 탐사보도와 6월 항쟁》, 《동아일보》사, 2017.

심재철·이경숙, 〈국민의제 형성에서 탐사보도의 역할―박종철 사건을 중심으로〉, 《한
   국언론학보》, 제43권 3호, 1999, 73~108쪽.

이두석, 〈사건기자 '못다 한 푸념'〉, 《관훈저널》, 121호, 2011, 90~111쪽.

정구종, 〈산업·민주·정보화시대 언론인으로 달려온 43년〉, 《관훈저널》, 제142호,
   2017, 111~145쪽.

9화_ 2008 촛불, 공영방송을 증명하다

박상표, 《구부러진 과학에 진실의 망치를 두드리다》, 따비, 2017.

임은경, 《박상표 평전―부조리에 대항한 시민과학자》, 공존, 2016.

고재열 외, 《MBC, MB씨를 부탁해―집단지성, 공영방송을 말하다》, 프레시안북, 2008.

10화_ 언론, 정신이상자로 여성혐오를 지우다

권김현영·손희정·박은하·이민경, 《대한민국 넷페미사―우리에게도 빛과 그늘의 역
   사가 있다》, 나무연필, 2017.

엄기호, 《나는 세상을 리셋하고 싶습니다》, 창비, 2016.

이민경, 《우리에겐 언어가 필요하다―입이 트이는 페미니즘》, 봄알람, 2016.

조영주, 《뉴스의 배경》, 2016.

11화_ 최초의 국가 주도 언론개혁 전쟁, 승자는

강원택·장덕진 엮음, 서울대 사회과학연구원 기획, 《노무현 정부의 실험―미완의 개
   혁》, 한울아카데미, 2011.

350

한윤형, 《미디어 시민의 탄생—21세기 미디어 운동의 흐름과 영향》, 시대정신연구소,
2017.

12화_황우석을 위한 그 이름, 언론
이성주, 《황우석의 나라》, 바다출판사, 2006.
한학수, 《진실, 그것을 믿었다—황우석 사태 취재 파일》, 사회평론, 2014.

13화_불법도청 프레임에 봉인된 X파일, 승자는 삼성이었다
김용철, 《삼성을 생각한다》, 사회평론, 2010.

14화_"이게 다 햇볕정책 때문이다"
손석춘, 《신문 읽기의 혁명》, 개마고원, 2003.
편집부, 《조선일보 대해부 5》, 안중근평화연구원, 2014.
편집부, 《동아일보 대해부 5》, 안중근평화연구원, 2014.

15화_손석희가 지켜낸 프레임 그리고 손석희 죽이기
정철운, 《박근혜 무너지다—한국 명예혁명을 이끈 기자와 시민들의 이야기》, 메디치
미디어, 2016.
정철운, 《손석희 저널리즘—한국 언론의 지형을 바꾼 언론인》, 메디치미디어, 2017.

지은이

미디어오늘

1995년 창간한 국내 최초의 대중적 미디어 비평지. 한국 사회 막강한 언론권력을 비판·견제해야 한다는 사회적 열망에 따라 언론 노동자들의 대표 기구인 전국언론노동조합이 창간을 주도했다. 뉴스의 이면을 취재하고 뉴스의 미래를 전망하는 《미디어오늘》은 모든 자유를 가능케 하는 언론 자유를 위해 노력하고 있다.

정철운

2010년부터 8년째 미디어 분야를 취재하고 있다. 2012년 MBC 노조의 170일 파업을 취재했고 그해 대선에서 박근혜 대통령 당선을 허탈하게 바라봤다. 지은 책으로 《박근혜 무너지다》, 《손석희 저널리즘》 등이 있다.

김도연

어쩌다 보니 기자가 되었다. 그러다 보니 입사했다. 어쩌다 보니 문제적 사업장(?)을 담당하고 있다. 그러다 보니 쌓이는 건 각종 소장(訴狀). 인권 운동가가 되고 싶었지만 현실은 게으름뱅이다. 언젠가 맨발로 팔레스타인 아이들과 축구를 하고픈, 몽상가적 저널리스트다.

강성원

멋모르고 덜컥 기자 생활을 시작해 쓰디쓴 현실에 좌절하고 잠시 언론계를 떠났다가 박근혜 대통령 당선 이후 다시 노트북과 카메라를 메고 모진 4년을 보냈다. 기자를 포기할 수 없는 이유는 모든 이들이 더 나은 세상에서 좀 덜 힘들게 살았으면 하는 바람 때문이다.

이하늬

2013년에 입사했다. 삼성전자서비스 수리 기사, 포스코 사내하청 노동자, 전자산업 피해자, 세월호 등을 취재했다. 세상은 흑과 백으로 나눌 수 없다는 것을 배우고 있다. 타인의 고통에 공감하는 사람이 되고 싶다.

장슬기

현대사를 재구성한 〈청산되지 못한 역사, 반민특위〉, 〈박정희의 2인자 JP의 거짓말〉 등을 스토리펀딩에 썼다.

금준경

2014년에 입사해 방송통신위원회에 출입하고 있다. 미디어 정책, 혁신, 정보인권 기사를 주로 쓴다.

정민경

세상 대부분을 싫어하지만 귀여운 것엔 관대하다. 요시나가 후미의 만화와 페미니즘 서적 읽는 것을 좋아한다.